Klaus Thiele-Dohrmann

# *Der Charme des Indiskreten*

Eine kleine Geschichte des Klatsches

rororo

*Rowohlt*

Veröffentlicht im Rowohlt Taschenbuch
Verlag GmbH, Reinbek bei Hamburg, Oktober 1997

Umschlaggestaltung Beate Becker
(Foto: The Norman Rockwell Family Trust
Photo courtesy of The Norman Rockwell Museum at Stockbridge)
Satz Life (Linotronic 500)
Gesamtherstellung Clausen & Bosse, Leck
Printed in Germany
1490-ISBN 3 499 60141 9

# *Inhalt*

# *Die Lust an der Enthüllung*

> Ich weiß nicht, wie es kommt, daß wir alle eine heimliche Freude an Dingen haben, die ins Ohr geflüstert werden …
>
> *Lukian von Samosata*

«Klatsch» – man weiß, was das ist. Man glaubt es jedenfalls zu wissen. Unter «Klatsch» versteht man im allgemeinen Sprachgebrauch das mehr oder weniger freundliche Reden über abwesende Personen, die unnötigerweise verbreiteten Neuigkeiten über private Angelegenheiten anderer Menschen, häufig auch die «üble Nachrede», die sich bis zur Konsequenz des «Rufmords» steigern kann. Ein großer Teil der alltäglichen Konversation besteht aus Klatsch und Tratsch, aus ungesichertem Gerede, unverbürgten Informationen, aus subjektivem Urteil über Abwesende, das meist gedankenlos hinter vorgehaltener Hand verbreitet wird.

Klatsch ist eine universelle Form der Kommunikation. «Mundfunk» ist weder an Zeit, Ort, Altersgruppen, Beruf noch Geschlecht gebunden. Das alte Vorurteil, Frauen hätten am Klatsch weit mehr Vergnügen als Männer, ist ein Gerücht. «Vor einem gerechten Urteil erweisen sich Mann und Frau als gleichermaßen hinfällig vor den Verlockungen des Klatsches», stellte schon der Psychoanalytiker Alexander Mitscherlich in seiner Schrift *Kurze Apologie des Klatsches* fest.

«Verlockungen», das ist im Zusammenhang mit Klatsch ein treffendes Stichwort. Klatsch hat offenkundig eine Art von frivolem Charme, Indiskretionen üben einen starken Reiz aus. Ständig erliegen wir der heimlichen Lust an der Enthüllung. In jeder beliebigen Gruppe kann man beobachten, daß immer dann, wenn das Gespräch auf Eigenschaften und Verhaltensweisen einer gerade abwesenden, allen bekannten Person gelenkt wird, die Zuhörer mit gespannter Aufmerksamkeit bei der Sache sind. Anscheinend ist kaum ein Thema interessanter als das «Wesen» eines Abwesenden, sein öffentliches und vor allem sein privates Tun und Lassen.

Dabei kann der Klatschhörer Realität und Erfindung oft kaum auseinanderhalten. Die Klatschmitteilung wird, solange kein Gegenbeweis vorhanden ist, willig als bare Münze genommen. Das gilt nicht nur für Klatschgespräche im relativ begrenzten privaten oder beruflichen Umfeld. Vor allem im Bereich der Massenmedien erweist sich Klatsch oft als Produkt der Phantasie, aufgehängt an spärlichen Indizien, die um der besseren Verkäuflichkeit willen zu umfassenden Scheininformationen aufgeblasen werden.

Für Klatsch besteht offenbar weltweit ein elementares Bedürfnis. Klatsch beschränkt sich nicht auf Kaffeekränzchen, Gerüchte liefern nicht nur die Reichen und die Schönen. Üppig gedeiht aggressiver Klatsch in den Städten, in Wohnblocks und Nobelhotels, in Büros und Werkstätten, in großen und kleinen Gemeinschaften. «Auch die Bauern kennen Klatsch, süße Miene im Gesicht, Gestank hinterher», notierte der Philosoph Ernst Bloch. Und über Tratscherei im Mietshaus vermerkte er: «Aus diesem kriechen die Würmer jeden Tag; sie kommen aus dem Mehl, das fehlt, aus den geliehenen Töpfen, aus der vielen Sitte, die dazu dient, sie verletzt zu haben. Klatsch kriecht die Treppen auf und ab, hält diese Menschen zusammen, indem er sie trennt. Er ist die schiefe Art, unzufrieden zu sein, die falsch adressierte, die Lust zu kämpfen, ohne sich dem Gegner zu stellen.»

Klatsch ist vermutlich so alt wie die menschliche Sprache. Im alten China war Gerüchtebildung und ihre berufliche Nutzanwendung in Form der Intrige ebenso bekannt wie bei den alten Griechen und Römern. Auf die Frage, was sich gegen Lästermäuler unternehmen lasse, gab Plato den Ratschlag, man möge so leben, daß niemand der Klatscherei Glauben schenke. Oscar Wilde sah im Klatsch nur das zweitschlimmste Übel; das größte sei, wenn überhaupt niemand über einen rede.

Die Mythologie wie die Literatur kennen ungezählte Beispiele für Klatsch, Gerücht, Verleumdung, Intrige. Bei Herodot, bei den griechischen Tragikern und im Neuen Testament ist Pheme als das Gerede, das Gerücht bekannt. Vergil schildert Fama, die Tochter der Erde, als grauenvolles Geschöpf mit einem Leib aus Federn, Augen, Zungen und plappernden Mäulern. Ovid läßt in den *Metamorphosen* die Fama zugleich als Botin der Wahrheit wie der Lüge erscheinen. Und Goethe stellt in seinen *Römischen Elegien* die Fama als prahlerische Figur dar, die aus Eifersucht mit Amor zerstritten ist.

Prahlerischer Männerklatsch war es, der, wie ein griechischer Mythos erzählt, den Troerfürsten Anchises das Augenlicht kostete. Die Liebesgöttin Aphrodite war dem jungen Mann auf den Höhen des Idagebirges begegnet und sofort in Liebe zu ihm entbrannt. Eilig ließ sie sich von ihren Dienerinnen mit himmlischen Ölen salben, warf sich in ihr schönstes Goldgewand und becircte so den ahnungslosen Anchises, der die Göttin für eine wunderschöne Sterbliche hielt. Doch auf dem Liebeslager klärte Aphrodite Anchises über ihre wahre Identität auf und gebot ihm, strengstes Stillschweigen darüber zu bewahren, daß er die Liebesgöttin nackt gesehen habe. Als Anchises aber eines Abends mit Freunden beim Wein zusammensaß, konnte er das Geheimnis nicht mehr für sich behalten und plauderte sein göttliches Liebeserlebnis aus. Die zutiefst beleidigte Aphrodite rächte sich furchtbar für diese Enthüllung: Sie ließ dem schwatzhaften Geliebten von einem Bienenschwarm beide Augen ausstechen.

Wie wichtig Klatsch genommen, wie begierig er aufgesogen wird, läßt sich nicht nur an der ständig steigenden Biografien- und Memoirenflut ablesen, die auflagenstark auf den Büchermarkt geschleust wird. Klatsch ist längst kommerzialisiert und wird, nicht nur in Illustrierten und Boulevardblättern, als Reportage getarnt, als Talk-Show mit «outing» dargeboten oder als Problemdiskussion mit Voyeurcharakter präsentiert. Unter dem Schutz der Pressefreiheit gelangt überreiche Intim-Information täglich in die Kommunikationsindustrie.

Klatsch und Gerücht sind selten leeres Gerede, sondern meist zweckgerichtet: Sie dienen wichtigen emotionalen Zielen, auch wenn weder der Klatschverbreiter noch der Zuhörer diese genau benennen können. Das unverbindliche Gerede hilft, Unsicherheit und Beklemmung zu lösen. Gewöhnlich ist sich jemand, der klatscht, während des Redens kaum der Tatsache des Klatsches bewußt. Klatsch «unterläuft» einem häufig, ist derart selbstverständlich in aller Munde, daß man sich nur selten klarmacht, daß man klatscht, warum man klatscht, wann man klatscht und was man beim Klatsch eigentlich mitteilt.

Doch obgleich sich die Enthüllungsfreude weltweit belegen läßt, ist die Einstellung zu diesem «Kommunikationsphänomen» durchaus ambivalent. Die Lust am Klatsch scheint nicht ganz ungetrübt zu sein. Auf Befragen lassen sich drei Gruppen unterscheiden. Die zahlenmäßig größte Gruppe gibt ohne Umstände zu, daß sie Lust am Klatsch empfindet, ohne jedoch eine moralische Wertung des Klatsches vorzunehmen. Die oft heiter-provokant anmutende Art des Eingeständnisses wirkt wie eine Flucht nach vorn, vielleicht in der Annahme, daß es keinen Zweck habe zu leugnen, weil man ohnehin dabei irgendwann überrascht wird, vielleicht aber auch, weil man sich, in dem Bewußtsein, einer unübersehbar großen Klatschgemeinschaft anzugehören, ein offenes Geständnis glaubt leisten zu können. Die Angehörigen der zweiten Gruppe beantworten die Frage nach der Lust am Klatsch etwas zögernd. Vorsichtig geben sie zu, man könne sich dem Klatsch ja nie ganz entziehen und man lese gelegentlich aus Langeweile im Wartezimmer des Arztes oder beim Friseur die Klatschberichte. In dieser Gruppe macht sich ein leiser Widerstand gegen die Klatschkommunikation bemerkbar, ein Schamgefühl wegen des Interesses an Indiskretionen und ein Unbehagen darüber, möglicherweise als «oberflächlich» eingestuft zu werden. Die dritte und kleinste Gruppe bestreitet vehement jede Klatschlust oder behauptet zumindest, für Klatsch kein Ohr zu haben.

Offenbar ist in jedem Fall eine klare Vorstellung von dem vorhanden, was der Begriff Klatsch besagt.

Diese Überzeugung ist allerdings problematisch. Denn bei genauerem Hinsehen stellt sich heraus, daß über eine Definition dieses Begriffs unterschiedliche Meinungen herrschen. Lexikalische Erklärungen wie «Geschwätz, übles Gerede» lassen den Eindruck aufkommen, es handle sich beim Klatsch ausschließlich um Negativaussagen. Und eine Begriffsbestimmung wie: «der Neugier entgegenkommende Neuigkeiten aus dem Bereich anderer», die ein anderes Nachschlagewerk anbietet, ist wiederum zu weiträumig, um so unterschiedliche Begriffe wie Information, Gespräch, Unterhaltung, Indiskretion oder üble Nachrede klar voneinander abgrenzen zu können. Wo aber verläuft die Grenze zwischen Gespräch und Gerede?

Grundsätzlich kann das Reden über Abwesende noch nicht mit boshaftem Klatsch gleichgesetzt werden. Es lassen sich beliebig viele Situationen denken, in denen freundliche, positive, sachlich begründete Äußerungen über Abwesende gemacht werden – Lob, Anerkennung, Sympathie, Respekt, Hochachtung oder auch wertfreie Informationen. Anders verhält es sich da schon mit dem «gemütlichen Tratsch», dem Austausch von Neuigkeiten in der Verwandtschaft, bei Freunden oder Nachbarn. Hier sieht man sich zu einer Unterscheidung zwischen dem harmlosen und dem bösartigen Klatsch gezwungen. Während der harmlose Klatsch einer heiteren, auf Mitgefühl gestimmten und mehr oder minder informativen Unterhaltung dient und damit keinen Schaden anrichtet, ist die bösartige Variante des Klatsches das ergiebigere Thema – nicht nur, weil boshafter Klatsch weitreichende Konsequenzen haben kann, sondern vor allem deswegen, weil man sich beim Nachdenken über die Motive möglicherweise selbst auf die Spur kommt.

Wann also wird Information zum Klatsch? Klatsch verursacht, wenn auch manchmal noch so verborgen, wenigstens bei sensiblen Naturen ein schlechtes Gewissen. Das ist leicht daran abzulesen, daß kein Klatschverbreiter gern von seinem Klatschopfer ertappt werden möchte. Er oder sie (und mit ihm auch die Klatschgemeinschaft) hat demnach zumindest ein latentes Schuldgefühl. Denn sobald das Objekt des Klatsches unverhofft auftaucht, schweigt die Klatschrunde betreten oder bemüht sich angestrengt um ein anderes Gesprächsthema. Klatsch beginnt also offenbar dort, wo man beim Reden über Abwesende eigentlich ein schlechtes Gewissen haben müßte. Die heimliche Weitergabe von ungesicherten oder sehr privaten Mitteilungen über einen anderen verursacht nachträglich oft ein ungutes Gefühl. Klatschhaftes Verhalten kollidiert mit dem ethischen Gebot der Aufrichtigkeit und Fairness.

Aus christlicher Sicht hat die negative Beurteilung des Klatsches eine lange Tradition. Sie beruht unter anderem auf der biblischen Vorschrift, keine ungeprüften Informationen oder Unwahrheiten über andere Menschen zu verbreiten. «Wer falsches Zeugnis gibt», so heißt es im katholischen Katechismus, «sündigt gegen die Wahrhaftigkeit und gegen die Ehre des Nächsten.» Und Martin Luther gibt in diesem Zusammenhang noch konkretere Anweisungen für den mitmenschlichen Umgang: «Wir sollen Gott fürchten und lieben, daß wir unseren Nächsten nicht fälschlich belügen, verraten, afterreden oder bösen Leumund machen, sondern sollen ihn entschuldigen, Gutes von ihm reden und alles zum Besten kehren.»

Klatsch ist nicht immer mit Gehässigkeit gleichzusetzen. Der Schwatz mit Kollegen am Arbeitsplatz, die Unterhaltung mit Nachbarn im Treppenhaus, das eilige Gespräch im Einkaufsviertel – dies alles mag klatschträchtig sein, ist aber zunächst oft nur der Versuch, sich dem anderen gegenüber freundlich zu zeigen, Gemeinschaft zu pflegen, sich die Zeit zu vertreiben oder etwas Neugier zu befriedigen. Gleichzeitig dient die beiläufige Konversation mit flüchtigen Bekannten dazu, kein Schweigen eintreten zu lassen, das verlegen machen könnte – denn nur bei Menschen, die sehr vertraut miteinander sind, wird aus Stille keine unerträgliche Spannung. Um sich vor einem möglichen Angriff zu schützen, greift man selber frühzeitig an – und zwar nicht das Gegenüber, das sich in offener Konfrontation zur Wehr setzen könnte, sondern den ahnungslosen Abwesenden. Mit dieser Vereinnahmungsstrategie hat man den Gesprächspartner meist schnell als Verbündeten gewonnen.

Klatsch verspricht kleine Abenteuer, die sonst im Alltag meistens vermißt werden. «Die Langeweile ist eine der furchtbarsten Plagen unserer Zeit», schrieb der Psychoanalytiker Erich Fromm in seiner Studie über die *Anatomie der menschlichen Destruktivität*. Dem Gelangweilten, der sich im lähmenden Zustand der Unausgefülltheit und zugleich des Überdrusses befindet, hilft oft nur das Ausweichen in die Zerstreuung, in die Abwechslung, die Unterhaltung, die kleine private Sensation. Eine solche ist der Klatsch und das, was in ihm dem anderen Menschen angehängt werden kann.

«Mag der Klatsch lästig sein, zuweilen gefährlich giftig: Er ist ein Ventil, das die Menschen in den Fesseln ihrer Gesellschaft nicht entbehren können», bemerkte Alexander Mitscherlich. Doch diese Ventilfunktion des Klatsches, die gern zur moralischen Entlastung von Klatschverbreitern verwendet wird, hat ihre Tücken: Sie befreit nicht nur, sondern sie herrscht zugleich. Denn die eigene Angst vor Klatsch, vor der heimlich geäußerten Meinung der anderen, vor einer möglicherweise negativen Einschätzung der eigenen Person sorgt für Anpassung an all das, was als «normal» empfunden werden soll. Klatsch ist ein wichtiges Instrument der sozialen Kontrolle.

Die soziale Kontrolle durch Klatsch beginnt bereits im Kindesalter, unter dem Diktat elterlicher Vorschriften und Gebote. Unter dem Konkurrenz- und Leistungsdruck der Schule setzt sie sich fort und wird, als Möglichkeit der Triebentlastung, bei Erwachsenen im privaten wie im beruflichen Leben beibehalten. Das «Petzen» der kindlichen Umgangssprache drückt aus, mit welchen Strategien Kinder und Jugendliche sich wehren können, wenn sie sich von Gruppenangehörigen bedroht fühlen. Mit Klatsch rächen sich Kinder, wenn sie sich von anderen ubervorteilt fühlen oder sich darüber ärgern, daß andere etwas Verbotenes tun, das sie selbst nicht wagen würden. Von einem Mitschüler zu wissen: «Der raucht heimlich» oder «Die hat mit dreizehn schon einen Freund» kann zu einem geheimen Triumph werden. Mit solcher Kenntnis kann man andere einschüchtern, sogar erpressen. Aus Neid über die Risikobereitschaft der anderen, die sich über eine Verhaltensregel hinwegsetzen, um eigene Erfahrungen zu machen, während man selbst ängstlich die Normen einhält oder weil man sich davon einen Vorteil bei der nächsthöheren Instanz verspricht, hebt man den «moralischen Zeigefinger» und droht Enthüllung an. Denn Kinder wie Erwachsene lernen schon frühzeitig, daß Denunziationsbereitschaft gelobt und belohnt wird. Gleichzeitig kann ein Klatsch-Informant dem eigenen Geltungsdrang Genüge tun: Er ist Geheimnisträger, von dessen Wohlwollen, das erkauft werden muß, einiges abhängt.

Bereits bei Kindern zeigt sich also das Bedürfnis, sich auf Kosten anderer einer Institution, einem Machtapparat (wie Elternhaus und Schule) anzuvertrauen, die eigene Loyalität unter Beweis zu stellen und dadurch Selbstbestätigung zu erfahren. Diese für den Klatschenden typische Verhaltensweise wird im Erwachsenenalter fortgeführt. Das Verbreiten von Gerüchten, böswilliger Tratsch im Betrieb, das «Anschwärzen» von Kollegen an der Arbeitsstelle zielen darauf ab, mögliche Konkurrenten in Mißkredit zu bringen, vorgegebene Normen als verbindlich anzuerkennen und «Andersdenkende» zu diffamieren.

Schon ein erster Gang durch das Labyrinth des Klatsches führt zu Seitenpfaden, die sich bald als unumgänglich für das Entdecken des Hauptwegs herausstellen. Einer dieser Seitenpfade, der zu den Ursachen wie zu den Folgen des Klatsches eine enge Beziehung hat, ist die Neugier. Sie ist die Triebfeder für jede Art von Klatsch. Ist sie angeboren oder anerzogen? Nur lästig oder auch wichtig? Neugier ignoriert alle Grenzen, deshalb steht sie in schlechtem Ruf. Aber gibt es Erkenntnis ohne Neugier?

Hier taucht gleich eine ethische Frage auf: Wie weit darf klatschhafte Neugier gehen – beim einzelnen, vor allem aber bei den Medien, die massenhaft Neugier durch Klatsch befriedigen? Die permanente Enthüllung scheint ein marktwirtschaftliches Gebot zu sein. Wo das Einschaltquotendenken regiert, wird die Pressefreiheit weidlich ausgenutzt. Offenkundig will der Staat den in jedem Bereich durchschaubaren «gläsernen» Menschen. Wer schützt im Zeitalter des Lauschangriffs noch den letzten Rest von Privatbereich und Intimsphäre? Neugierige Augen und Ohren sorgen ununterbrochen dafür, daß dem boshaften Klatsch nicht der Stoff ausgeht. Gibt es Schutz vor Gerüchten, vor Verleumdung, vor Mobbing?

Klatsch «blüht». Man genießt ihn – falls man nicht selbst das Opfer ist –, man kann ihn nach Hause tragen, sich heimlich an ihm freuen oder ihn weitergeben. Um an seine verborgene Wurzel heranzukommen, müßte man sich die Mühe machen, die ganze üppig wuchernde Pflanze auszugraben oder herauszureißen. Doch aus Bequemlichkeit – manchmal auch aus Angst, sich an etwa vorhandenen giftigen Stacheln zu verletzen – läßt man sie meist stehen und weiterblühen.

Gerüchte «laufen um». Auch sie sind nur mit Mühe zu greifen: Man hört sie wohl, aber man weiß nicht, woher sie kommen und wohin sie gehen. Das von Wolken umhüllte Gesicht der Fama zu entschleiern bedarf entschiedener Anstrengung, die man oft nicht aufbringt, zumal man glaubt, das Interessanteste bereits zu wissen.

Ähnlich gering wie bei Klatsch und Gerücht ist die Eingriffsmöglichkeit bei Vorurteilen. Vorurteile «herrschen». Es ist leichter, ein Atom zu zertrümmern als ein Vorurteil, lautet eine einsichtsvolle Redensart. Im Gegensatz zu einfachen Mißverständnissen oder gelegentlichen Voreingenommenheiten widerstehen Vorurteile sehr hartnäckig allem Beweismaterial, das sie widerlegen könnte.

Obwohl es genügend Gegenbeweise gibt, kommt beispielsweise das Vorurteil: «Frauen klatschen, Männer führen Informationsgespräche» immer wieder zum Vorschein. Daß auch Männer ihren Spaß an der klatschhaften Enthüllung haben, gab bereits vor fast zweitausend Jahren der griechische Schriftsteller Lukian freimütig zu. «Ich weiß nicht, wie es kommt, daß wir alle, ohne Ausnahme, eine heimliche Freude an Dingen haben, die ins Ohr geflüstert werden und Verdacht und Argwohn zu erregen geeignet sind», gestand er. «Ich kenne sogar Menschen, deren Ohren von Verleumdungen ebenso angenehm gekitzelt werden, als ob man sie mit einer Pfauenfeder streicheln würde.» Und Lukian, Verfasser der frechen *Hetärengespräche*, war durchaus nicht der einzige Mann, der sein Interesse am Klatsch öffentlich zugab.

Daß Klatsch, trotz Psychologen-Einsicht, immer wieder zunächst mit Frauen in Verbindung gebracht wird, mag auch mit dem vermuteten Ursprung des Begriffs «Klatsch» zu tun haben. Bei der Suche nach einer Erklärung für dieses lautmalende Wort wird meistens die Situation waschender Frauen herangezogen: Als Frauen noch am Dorfbrunnen oder an einem Fluß die Familienwäsche wuschen und anschließend auf Steinen ausschlugen, kam bei diesen Wasch- und Klatschgeräuschen viel Privates zur Sprache. Für tratschhaftes Gerede ist noch das abfällige «Gewäsch» im Gebrauch, und «schmutzige Wäsche waschen» bedeutet auch, unangenehme Privatsachen zu enthüllen.

So mag zwangsläufig das Ausplaudern privater Angelegenheiten mit Frauen in Zusammenhang gebracht worden sein. Das Beziehungspaar Klatsch–Frauen findet sich auch in Wortbildungen wie «Klatschbase» oder «Klatschtante» wieder; es deutet auf verwandtschaftliche Beziehungen zwischen der klatschenden Person und der, über die geklatscht wird, hin. Dies kann ein Hinweis dafür sein, daß Klatschverbreiter aus intimer Detailkenntnis schöpfen, wie dies nur Verwandte können.

Nicht nur in der deutschen Sprache trifft man auf Verwandtschaftsbezeichnungen in Verbindung mit Klatsch. Das englische «gossip», das für klatschhaftes Geschwätz verwendet wird, leitet sich vom altenglischen «godsib» ab, das zunächst «Pate» oder «Patin» bedeutete und auch zur Bezeichnung von Freunden der Familie gebraucht wurde. Später, etwa vom 16. Jahrhundert an, benutzte man es dann fast ausschließlich zur Kennzeichnung der «Schwätzerin», einer Person, die «leeres Gerede verbreitet». Familiäre Beziehungen verrät auch das französische «commérage» für Geschwätz und Klatscherei, das mit «commère» (Gevatterin, Taufpatin) zusammenhängt. Auch das spanische «comadreria», Klatsch, leitet sich, vergleichbar, von «comadre», der Gevatterin, der Nachbarin oder auch der Hebamme, ab.

Allerdings gibt es noch eine andere Erklärung für das Wort Klatsch im Sinne von Schadenfreude oder boshafter Kritik. Zahlreiche Hinweise dafür finden sich zum Beispiel in der Bibel. Im Altertum wurde nicht nur Beifall, sondern auch Ablehnung durch Händeklatschen ausgedrückt – etwa wie heute aus Begeisterung oder auch aus Ablehnung laut gepfiffen wird. So heißt es zum Beispiel bei Hiob im Alten Testament über den Gottlosen: «Man wird über ihn in die Hände klatschen und ihn auszischen von seinem Wohnort her.» Einer Stadt, deren Bewohner in Sünde leben, kündigt der Prophet Zephania die Strafe Gottes an und sagt voraus: «Wer an ihr vorübergeht, pfeift sie an und klatscht mit den Händen über sie.» Und der Prophet Hesekiel sagt dem Volk der Ammoniter die Ausrottung voraus, «weil du in die Hände geklatscht und mit den Füßen gestampft, weil du voll Schadenfreude im Herzen, über Israels Land frohlockt hast» (Hes. 25, 6).

Klatsch ist eine Art Agentennetz, das die Gesellschaft anscheinend zur Kontrolle und zur Selbstkontrolle benötigt. In dieses Netzwerk sind Frauen wie Männer gleichermaßen verstrickt. Jeder befindet sich zum anderen in einer bewußten oder unbewußten Konkurrenz, jeder steht unter dem geheimen Zwang, sich mit anderen vergleichen zu müssen. Mit Neugier versucht man zu erkunden, wie der andere beschaffen ist, welche Stärken und Schwächen er hat, was er leistet und was er sich leistet. Durch Vergleich mit den anderen verhilft Neugier zum Bewußtsein der eigenen Einzigartigkeit. Aber sie löst auch Mißgunst, Neid, Eifersucht und Angst aus – Empfindungen, die den Anstoß zu boshaftem Klatsch geben. Aus Sicherheitsbedürfnis will man die Geheimnisse des anderen enthüllen, seine Schwachstellen kennenlernen, um sie gegebenenfalls bloßlegen zu können. Solche Kenntnisse sind beruhigend.

Aber diese Art von Entblößung findet nicht nur im eng begrenzten Kreis statt. Neben den ungezählten, ständig wechselnden Kleingruppen, die den Charakter eines Abwesenden lustvoll sezieren, sind die Massenmedien global damit beschäftigt, das Privatleben der Prominenten auszuleuchten und dem Blick der Allgemeinheit preiszugeben. Scham, Respekt oder Gewissen sind zu altertümlich klingenden Vokabeln geworden. Kein Geheimnis scheint vor Enthüllung noch sicher zu sein. Um so mehr lohnt es sich, dem Geheimnis Klatsch auf die Spur zu kommen.

## *Soziale Kontrolle durch Klatsch*

Klatsch ist die Unterhaltung von Polizisten ohne Exekutivgewalt.
*Christian Morgenstern*

Auch wenn nicht jeder Blick ein neugieriges Ausspähen und nicht jedes Zuhören ein heimliches Lauern auf Fehler und Schwächen des anderen ist, haben viele Menschen ständig das latente Gefühl, von der Öffentlichkeit – von Nachbarn, Kollegen, Bekannten – kritisch beobachtet zu werden. Dieses Gefühl scheint maßgeblich dafür verantwortlich zu sein, daß gesellschaftliche Regeln meistens eingehalten werden, auch wenn diese Regeln im Einzelfall danach verlangen, durchbrochen zu werden.

Die Funktion des Klatsches als soziale Kontrolle kann am Beispiel eines jungen Ehepaars illustriert werden. Die Ehepartner, beide etwa Ende Zwanzig, waren an verschiedenen Schulen in einer mittelgroßen Stadt als Lehrer tätig und galten bei Freunden und Bekannten als «ideales Paar». Die Ehe blieb lange Zeit kinderlos. Schließlich bekam das Paar doch noch ein Kind, aber bald nach der Geburt kam es zu Unstimmigkeiten zwischen den Ehepartnern, deren Ursache ihnen zunächst unerklärlich blieb, da die Anlässe für solche Auseinandersetzungen immer ziemlich geringfügig waren. Die Umgebung des Paares bemerkte anfangs nichts von den kleinen Streitigkeiten und sprach weiterhin von der «beneidenswert glücklichen Familie», bis eines Tages die junge Frau (die wegen des Kindes ihren Beruf vorläufig aufgegeben hatte) einer früheren Kollegin unter dem Siegel der Verschwiegenheit anvertraute, sie habe die Ehe satt, ihren Mann könne sie nur noch als guten Freund, eher noch als eine Art Bruder betrachten, und ihr kleiner Sohn sei für sie, so traurig sie selbst das auch finde, oft eher eine Belastung als eine Freude.

Diese Neuigkeit war für die Kollegin viel zu aufregend, als daß sie sie lange hätte für sich behalten können. Sie berichtete sie zunächst ihrem eigenen Mann und etwas später, selbstverständlich vertraulich, einer guten Freundin. Und es dauerte nicht lange, bis die unglückliche Situation des jungen Lehrerehepaars, mit Spekulationen angereichert, als Klatschmeldung verbreitet wurde. Teils mit Erstaunen, teils mit moralischer Entrüstung, teils aber auch mit Schadenfreude wurde festgestellt, daß es «ideale» Ehepaare anscheinend doch nicht geben könne und daß so viel Harmonie auf die Dauer undenkbar und nur vorgespielt sei.

Der nunmehr gespannten Aufmerksamkeit der Umgebung entging nicht, daß der berufstätige Ehemann sich intensiv einer Kollegin zuwandte. Schon munkelte man von einem «Verhältnis» und bedauerte die Ehefrau, die «allein mit dem Kind zu Hause sitze». Die junge Mutter wurde also von «wohlmeinenden» Bekannten andeutungsweise über die vermeintliche Liebesbeziehung ins Bild gesetzt. In einem Anfall von Depression und Verzweiflung unternahm sie einen Selbstmordversuch, der durch das zufällige Erscheinen eines befreundeten Psychologen buchstäblich in letzter Minute vereitelt wurde.

Es verging nun eine längere Zeit, in der die Ehepartner,

mit gelegentlicher Unterstützung durch den Psychologen, sich gründlich aussprachen. Nach reiflicher Überlegung kamen sie zu dem Entschluß, aufgrund ihrer ungeschmälerten Zuneigung weiterhin zusammenzuwohnen und sich gemeinsam um die Erziehung des Kindes zu kümmern, aber, ungeachtet des zu erwartenden Geredes von Nachbarn und Kollegen, einander das Recht auf sexuelle Freiheit einzuräumen, wobei sich beide darüber klar waren, daß es für die jeweiligen neuen Partner nicht einfach sein würde, sich mit der gegebenen Situation abzufinden.

Als diese unorthodoxe Regelung dann in die Praxis umgesetzt wurde, erregte sie, wie vorausgesehen, bei Freunden und Bekannten des Paares erhebliche Irritation, da überdies beide Partner sich keine Mühe gaben, ihr Verhalten zu verheimlichen. Auf die Fragen der interessierten Umgebung gaben sie direkte Antworten und versuchten auf diese Weise, den spekulativen Klatsch in Grenzen zu halten. Dennoch zeigte sich bald, daß nur wenige die ungewohnte Lebensform des ehemals «vorbildlichen Ehepaars» billigten. Vor allem Frauen, die sich völlig mit ihrer gewohnten Rolle identifizierten, beurteilten das Verhalten der jungen Mutter abfällig, während sie dem Mann das Recht auf einen gelegentlichen Seitensprung einräumten. Doch auch die meisten männlichen Bekannten mochten sich mit der Regelung nicht abfinden. Sie gestanden zwar grundsätzlich dem Mann zu, neben der Ehefrau eine Freundin zu haben. Wenn das «diskret gehandhabt» werde, könne es als «Kavaliersdelikt» entschuldigt werden. Das gleiche Recht dürfe aber eine Frau, noch dazu eine Mutter, keinesfalls für sich in

Anspruch nehmen. Und ein Mann, der seiner Frau dies «gestatte», sei ein Schwächling.

Als schließlich auch noch mehrere Eltern bei dem Schulleiter aus «moralischen Gründen» vorstellig wurden, sah das Ehepaar nur noch die Möglichkeit, sich entweder den herrschenden Vorstellungen anzupassen – die Ehe «durchzustehen» oder eine reguläre Trennung und Scheidung, mit dem nachfolgenden Kampf um das gemeinsame Kind, zu vollziehen – oder aber sich an einem neuen Wohnort eine neue Stelle zu suchen und in unbekannter Umgebung möglichst unauffällig weiterzuleben. Die beiden entschieden sich für das letztere.

Dieses Beispiel, an dem man das Zusammenwirken von Klatsch und moralischer Entrüstung erkennen kann, ist durchaus kein Einzelfall. Die öffentliche Meinung als Sittenrichterin und damit als Instrument des Konformismus spielt heute eine um so größere Rolle, als die bisherigen, auf christlich-abendländischer Tradition beruhenden Wertvorstellungen im Zerfall begriffen sind. Autoritäten, die jahrhundertelang ganz selbstverständlich wirksam waren, sind im Zuge der Aufklärung und aufgrund reichlicher Erfahrung mit dem sogenannten Bösen weitgehend unglaubwürdig geworden.

Am schmerzhaftesten hat die katholische Kirche, als traditionelle Hüterin von Sitte und Moral, dies zu spüren bekommen. Die Klatsch- und Skandalgeschichten des *Pfaffenspiegels* von Otto von Corvin sind nur ein Glied in einer langen Kette von kritischen Tratscherzählungen und Witzeleien über Diener der Kirche. Solcher in aufklärerischer Absicht und gewiß nicht ohne Bosheit verbreiteter Klatsch war ein deutliches Anzeichen dafür, daß eine lange Zeit unangefochtene Autorität sich im Schwinden befand. *Die Schlüssel von Sankt Peter*, geschrieben von dem ehemaligen Jesuitenzögling Roger Peyrefitte, wurden als «frechste und arroganteste Schilderung, die seit den Tagen Voltaires und Zolas geschrieben wurde» kritisiert.

Für amüsierten Presseklatsch sorgte im Sommer 1974 die französische satirische Wochenzeitschrift *Le Canard Enchaîné*. Genüßlich berichtete sie darüber, daß einer der bekanntesten französischen Kirchenfürsten, Kardinal Jean Daniélou, mit neunundsechzig Jahren im Appartement einer Pariser Nachtclubtänzerin einem Herzschlag erlegen sei. Ein halbes Jahr später erfuhren die Leser der Zeitschrift, daß nunmehr der sechsundfünfzigjährige Bischof von Montauban im Korridor eines Pariser Stundenhotels entseelt aufgefunden worden war. Er habe, wie es von kirchlicher Seite hieß, einen alten Kriegskameraden besuchen wollen.

Besonders tiefgreifende Folgen kann Klatsch haben, wenn er von Menschen betrieben wird, die einmal gut befreundet waren und einander rückhaltlos vertrauten in der Überzeugung, daß nichts davon zu Unberufenen dringen würde.

Aufgrund eines plötzlich eintretenden Ereignisses verändert sich aber die Situation. Eine andere Person gerät in den vertrauten Bereich, wird ins Vertrauen gezogen, vielleicht zunächst von beiden Partnern. Völlig unerwartet kommt es zu einem verdeckten oder offenen Bruch zwischen den beiden bisher Vertrauten. Die damit verbundene Enttäuschung eröffnet jetzt die vorher völlig ausgeschlossene Möglichkeit, aus Zorn und Ärger, Frustration und Rache den anderen durch Klatsch zu verletzen, wie man sich selbst verletzt fühlt. Im gemeinsamen Bekanntenkreis macht man der Eifersucht Luft, sucht Ventile für den aufgestauten Groll, und das Interesse des Zuhörers (der sich oft genug mit der enttäuschten Person identifizieren kann, weil er selbst ähnliche Erfahrungen gemacht hat oder solche befürchtet) ermuntert dazu, mehr als das zur Erleichterung Notwendige zu sagen. Leicht steigert man sich in Selbstmitleid und Rachegefühle hinein, läßt alle Gesetze der Fairness zeitweilig außer acht und stellt den früheren Partner oder Freund im Klatsch bloß. Auf diese Weise hofft man, dessen «Untreue» zu bestrafen und sich gleichzeitig den gemeinsamen Bekanntenkreis erhalten zu können.

Treue und Untreue im Bereich von Ehe und Sexualität unterliegen, wie am Beispiel des anfangs beschriebenen Lehrerehepaars ersichtlich war, bevorzugt der sozialen Kontrolle durch Klatsch. Wer von der Norm abweicht, wird im Klatsch denunziert. Im geschilderten Fall war der Kreis der durch Klatsch Informierten noch relativ überschaubar. Anders sieht es dagegen aus, wenn Menschen, die im Rampenlicht einer großen Öffentlichkeit stehen, sich mit den Klatschfolgen privater Krisen auseinandersetzen müssen.

«Weil meine Frau so offen darüber spricht», erklärte der österreichische Bundespräsident Thomas Klestil im Dezember 1994, wolle er zu einem sehr persönlichen Thema öffentlich Stellung nehmen. Zu seinem tiefen Bedauern werde er von seiner Frau Edith «in Hinkunft auf Dauer getrennt» leben. Ebenfalls bedauert habe er, daß die Gesandte Dr. Margot Löffler um Versetzung aus der

Präsidentschaftskanzlei auf einen diplomatischen Posten im Ausland ersucht habe. Der Zusammenhang war allen österreichischen Zeitungslesern bereits lange klar: Der verheiratete Präsident hatte zu seiner Mitarbeiterin eine mehr als nur berufliche Beziehung gehabt.

Auf dem Terminplan des Präsidenten, den bisher Frau Löffler koordiniert hatte, stand zu der Zeit als erstes, auf Einladung des vatikanischen Nuntius in der Wiener Uno-City, ausgerechnet eine Rede zum Weltfriedenstag und zum Jahr der Familie, berichtete der Korrespondent der *Süddeutschen Zeitung* und beschrieb Klestils Auftritt: «Er geriet allerdings nahe ans Weinen, als er eigene Erfahrungen mit Segen und Bedrohung von Familienfrieden erwähnte. Einen Blick warf er zwischendurch auf einen Gast in der ersten Reihe, seinen Amtsvorgänger Kurt Waldheim, der wegen einer verdrängten Vergangenheit, aber auch ungerechter Verunglimpfung international gemieden worden war.»

Das private Problem, das der österreichische Bundespräsident selber zum Medienthema gemacht hatte, entwickelte sich, wenn man den Medien trauen konnte, zu einer «Staatskrise», zu der die Bevölkerung prompt um Stellungnahme gebeten wurde. «Klage oder Rücktritt?» fragte die *Kronenzeitung* und reagierte damit auf die Enthüllung des Boulevardblattes *Täglich Alles*, das als erste Zeitung Klestils langjährige Mitarbeiterin und Wahlhelferin als «Freundin» beim Namen genannt hatte. Von einem «Liebesnest aus Steuergeldern» in der Wiener Hofburg war die empörte Rede. Aber der moralische Schaum verflüchtigte sich rasch. Laut Umfrageergebnissen war die Mehrheit der Österreicher gegen einen Rücktritt des Präsidenten wegen eines Liebesverhältnisses, das in Österreich zierlich «Pantscherl» genannt wird.

Folgenreicher waren «moralische Verfehlungen» der Jahre 1983 bis 1995 in England. Nicht weniger als neunzehn Rücktritte bekannter Persönlichkeiten von ihren Ämtern waren die Konsequenz aus öffentlich ausgebreiteten Liebesaffären. In den meisten Fällen hatte ein beharrliches Bohren und Schnüffeln von Boulevardblättern dazu geführt, daß die betreffenden Damen sich gedrängt fühlten, öffentlich Auskunft über ihre Liebesbeziehungen zu geben. Für viele Zeitungen war damit die auflagensteigernde Möglichkeit gegeben, intime Geständnisse lustvoll aufzubereiten und gleichzeitig moralische Entrüstung zu simulieren. «Shame», Schande, überschrieb das Massenblatt *Daily Mirror* mit rotem Querbalken auf einer Titelseite eine illustre Porträtgalerie von zurückgetretenen Politikern der konservativen Regierung: 1983 reichte Cecil Parkinson als Handelsminister seinen Rücktritt ein, nachdem er ein illegitimes Kind gezeugt hatte. 1992 trat David Mellor nach seiner Affäre mit der Schauspielerin Antonia de Sancha als Kulturminister zurück. Als nächster nahm, 1994, Umweltminister Tim Yeo, der sich in seinem Wahlkreis als entschiedener Moralprediger bekanntgemacht hatte, seinen Hut wegen eines außerehelichen Kindes. Dann demissionierte Schiffahrtsminister Lord Caithness, dessen Gattin sich erschoß, nachdem sie seine Liebesaffäre aufgedeckt hatte. Im März trat der Parlamentarische Staatssekretär Robert Hughes wegen eines Seitensprungs zurück, der schon ein halbes Jahr zurücklag. Der 43jährige Familienvater begründete seine Demission damit, seine (zweite) Ehe retten zu wollen; dieses Ziel könne er nicht mit seiner beruflichen Verpflichtung in Einklang bringen.

Nach der Welle der Sexaffären, die sich auf Politiker beschränkten, kam Anfang 1995 auch ein General ins Spiel. Sir Peter Harding, Generalinspekteur der Streitkräfte, bat nur wenige Stunden nachdem sein Verhältnis mit der Frau eines konservativen Abgeordneten bekanntgeworden war, um seinen Abschied. Harding, der frühere Befehlshaber der Royal Air Force, verheiratet und vierfacher Familienvater, hatte bei einem offiziellen Abendessen die attraktive Lady Bienvenida Buck, Ehefrau eines Tory-Abgeordneten, kennengelernt. Die Liebesaffäre, die sich daraus entwickelte, führte 1993 zur Scheidung des Ehepaars Buck. Allerdings endete auch die Beziehung zwischen der gebürtigen Spanierin Bienvenida Buck und General Harding; sie heiratete einen anderen Mann.

Aber der General hielt immer noch Kontakt mit der Lady. Das wurde dem Offizier schließlich zum Verhängnis. Die Dame verabredete sich eines Tages mit ihrem früheren Geliebten im Dorchester-Hotel zum Mittagessen. Dabei unterließ sie es, dem General zu sagen, daß sie gleichzeitig das Sonntagsboulevardblatt *News of the World* von ihrem Rendezvous in Kenntnis gesetzt hatte. Reporter des Blattes saßen mit Mikrofonen am Nachbartisch und hielten die Abschiedsküsse des Paares auf Videofilm fest. Fotos und intime Auszüge aus zahlreichen Briefen des Generals krönten die folgende Sonntagsausgabe des Blattes. Nach Angaben der Zeitung *Evening Standard* bekam Hardings Exgeliebte umgerechnet fast eine halbe Million Mark für ihren Beitrag zu dieser Enthüllung.

Sexualität und Macht sind die beiden Themen, die das größte Klatschinteresse auf sich ziehen. Beide sind seit jeher von der Aura des Geheimnisvollen umgeben, und die Versuchung, das Verborgene zu enthüllen, scheint unüberwindlich groß zu sein. Mit Sexualität kann Faszination, eine Spielart von Macht, ausgeübt werden, und dem früheren amerikanischen Außenminister Henry Kissinger wird die Äußerung zugeschrieben, daß Macht das stärkste Aphrodisiakum sei.

Alle Bereiche, die mit diesen beiden Themen zusammenhängen, können als besonders klatschhaltig gelten. Auf dem Gebiet der Sexualität sind es die verschiedenen Arten von zwischenmenschlichen Beziehungen, für die sich der Klatsch interessiert: Liebe und Ehe, heimliche Flirts und glühende Leidenschaften, Eifersucht, Rivalität und Scheidung, sexuelle Attraktion und ungewöhnliche Sexualpraktiken. In den Bereich der Macht gehören Klatschthemen wie: Königshäuser und Geldadel, Stars und Politikerehen, Geltungsdrang, Erfolg, Intrigen und alles, was sich mit dem lateinischen Begriff für Macht, nämlich «Potenz», in Verbindung bringen läßt.

Sexualität und Macht in all ihren Facetten sind zweifelsohne für Frauen wie Männer gleichermaßen interessant. Deshalb dürfte es auch unbestreitbar sein, daß sich nicht nur Frauen, sondern auch Männer für den Klatsch über diese Themen interessieren. Und das schon seit ältesten Zeiten.

# *Klatsch, das diffamierte Phänomen*

> Die Zunge ist ein ruheloses Übel voll
> tödlichen Giftes.
>
> *Jak. 3, 2 11*

Klatsch existiert, solange es Sprache gibt. Die Lust an der Enthüllung gehört offenkundig zur psychischen Grundausstattung des Menschen. Die zum Klatsch führende Konstellation – Neugier, Phantasie, Neid, Mißgunst, Langeweile, Geltungsdrang und Redefreudigkeit – läßt sich zu allen Zeiten und in allen Ländern nachweisen. Bei allem Spaß am Klatsch war es aber von jeher meist streng verpönt, gewisse Grenzen zu überschreiten und allzu tief in die Geheimnisse anderer Menschen einzudringen.

Daß dieses ungeschriebene Gebot besonders reizte und deshalb immer wieder übertreten wurde, zeigen schriftliche Dokumente und literarische Zeugnisse aus der ganzen Welt. Das altchinesische *Buch der Riten, Sitten und Gebräuche,* das im ersten vorchristlichen Jahrhundert entstand und wichtige Lehren des Philosophen Konfuzius enthält, zeigt, daß in China Bedachtsamkeit im Reden als Tugend galt. «Der Edle verbreitet keine Gerüchte», heißt es dort, «er bringt die Leute nicht wegen ihrer Reden in Verlegenheit. Seine Worte haben immer einen Kern, seine Handlungen haben immer ein Vorbild. – Der Gemeine gerät oft durch ein einziges Wort für sein ganzes Leben in

Schuld.» Aber nicht nur derjenige, der üblen Klatsch verbreitet, sondern auch der, der ihn bereitwillig mit anhört, kommt leicht in Gefahr, zu den «Gemeinen» gerechnet zu werden. Denn: «Wenn andere etwas Böses sagen und man widerspricht nicht, so ist es beinahe, wie wenn man an ihren Worten Gefallen fände. Wenn man an ihren Worten Gefallen findet, so ist zu fürchten, daß man sich ihnen persönlich nahe fühlt. Wenn zu fürchten ist, daß man sich ihnen persönlich nahe fühlt, so ist zu fürchten, daß man es selber auch so macht.»

Unkontrolliertes Geschwätz und die Schaden verursachende Nachrede werden in allen Kulturkreisen moralisch verurteilt. In mythologischen Dichtungen wie auch in den Märchen vieler Völker wird Klatschhaftigkeit oft streng bestraft. Von der geschwätzig-verführerischen Schlange, die den ersten Menschen das Geheimnis der Erkenntnis verrät, heißt es im Alten Testament, ihr solle der Kopf zertreten werden. Vor leichtfertigem Gerede wird dort auch an anderer Stelle, zum Beispiel in den Sprüchen Salomos (20, 19), gewarnt: «Wer als Schwätzer umhergeht, plaudert Geheimnisse aus; drum laß dich nicht ein mit dem, der viel redet.» Im Buch Hiob und in den Psalmen wird immer wieder auf die Gefährlichkeit der Zunge hingewiesen. Dieses Organ müsse man besonders im Zaum halten, weil es ständig zu leichtfertigen Reden, Klatsch, Lügen und Verleumdungen gegenüber den Mitmenschen (und damit auch gegenüber Gott als deren Schöpfer) verleite.

Im Neuen Testament wird ebenfalls an vielen Stellen vor bösen Reden, vor Doppelzüngigkeit und leichtsinnigem Gerede gewarnt. In seinem ersten Brief an die

Korinther mahnt der Apostel Paulus (15, 33): «Böse Geschwätze verderben gute Sitten», und in seinem Brief an die Gemeinde in Ephesus (4, 29): «Lasset kein faul Geschwätz aus eurem Munde gehen.» Besonders anschaulich wendet sich der Apostel Jakobus (3, 2–11) gegen den Mißbrauch der Zunge: «Wenn jemand in der Rede nicht fehlt, der ist ein vollkommener Mann, fähig, auch den ganzen Leib im Zaume zu halten. Wenn wir nämlich den Pferden die Zäume ins Maul legen, damit sie uns gehorchen, so lenken wir auch ihren ganzen Leib. Siehe, auch die Schiffe, die so groß sind und von heftigen Winden getrieben werden, sie werden von einem ganz kleinen Steuerruder gelenkt, wohin die Absicht des Steuernden will. So ist auch die Zunge ein kleines Glied und rühmt sich großer Dinge. Siehe, ein kleines Feuer, was für einen großen Wald zündet es an! Auch die Zunge ist ein Feuer. Als die Welt der Ungerechtigkeit erweist sich die Zunge unter unsern Gliedern, sie, die den ganzen Leib befleckt und den Kreis des Lebens in Brand steckt und von der Hölle in Brand gesteckt wird. Denn jede Kreatur, kriechende wie Meerestiere, wird gezähmt von der menschlichen Kreatur; die Zunge aber kann kein Mensch zähmen. Sie ist ein ruheloses Übel voll tödlichen Giftes. Mit ihr preisen wir den Herrn und Vater, und mit ihr verfluchen wir die Menschen, die nach dem Bilde Gottes geschaffen sind. Aus demselben Munde geht Preis und Fluch hervor. Das soll, meine Brüder, nicht so sein. Sprudelt etwa die Quelle aus derselben Öffnung das Süße und das Bittere hervor?»

Aus solchen Bibelstellen ist in bildhafter Deutlichkeit abzulesen, daß unbedachtes Geschwätz, Klatsch und üble Nachrede bereits zu jener Zeit als weitverbreitetes Übel galten, und zwar nicht allein deshalb, weil man damit anderen Menschen Schaden zufügen konnte, sondern auch, weil leichtfertiges Gerede für den Klatschverbreiter selbst schädliche Folgen haben konnte. Denn nach christlichem Verständnis wurde durch eine Beleidigung des Mitmenschen auch Gott selbst beleidigt, der den Menschen «nach seinem Bilde» geschaffen hatte. Klatsch zog also möglicherweise eine Strafe des Himmels nach sich. Denn als «gerecht» und zu ewiger Seligkeit bestimmt konnte nur ein Mensch gelten, der fähig sei, seine Zunge «im Zaum zu halten».

Da häufig die Quelle eines Gerüchts oder einer Klatschinformation nicht festzustellen war, entstand in der Antike die Phantasiegestalt der Fama, eine unfaßbare, nichtmenschliche Figur, die eilig aus Tausenden von Mäulern unverbürgte Nachrichten durch die Straßen speit. Im IV. Buch der *Aeneis* gibt Vergil dieser Figur bösartige Züge und schildert plastisch ihr abschreckendes Aussehen:

Fama, ein Übel, geschwinder im Lauf als irgendein andres,
ist durch Beweglichkeit stark, erwirbt sich Kräfte im Gehen,
klein zunächst aus Furcht, dann wächst sie schnell in die Lüfte,
schreitet am Boden einher und birgt ihr Haupt zwischen Wolken.
Mutter Erde, so heißt es, gebar aus Groll auf die Götter
jene zuletzt für Enkeladus noch und Koeus als Schwester,
schnell zu Fuß mit hurtigen Flügeln, ist sie ein Scheusal,
greulich und groß; so viele Federn ihr wachsen am Leibe,
so viele wachsame Augen sind drunter – Wunder zu sagen –,
Zungen und tönende Münder so viel und lauschende Ohren.
Nächtens fliegt sie, mitten von Himmel und Erde, durchs Dunkel
schwirrend, schließt niemals zu süßem Schlummer die Augen.
Tagsüber sitzt sie als Wächterin hoch auf dem Dache des Bürgers
oder auf stolzem Palast und schreckt die mächtigen Städte,

ganz so auf Trug und Verkehrtheit erpicht, wie Botin der Wahrheit
Sie schwoll nun mit Gerücht und Gerede im Ohre der Völker,
kündete froh, was geschah, und erfand, was nimmer geschehen.
Sei da Aeneas gekommen, ein Sproß trojanischen Blutes;
Dido, die schöne, geruhe, sich diesem Mann zu vermählen.
Üppig schwelgten sie jetzt den langen Winter beisammen,
dächten nicht mehr ihres Reichs, von schnöder Wollust gefesselt.
Dies verbreitet im Munde der Menschen die scheußliche Göttin.

Während Vergils Fama-Figur aus der Erde geboren ist, sich in ihrem Federkleid eilig von einem Ort zum nächsten bewegt, mit jeder Bewegung weiter anwächst, hat Ovid in den *Metamorphosen* der Fama einen festen, den Menschen entrückten Platz im All gegeben, von dem aus sie das Weltgeschehen beobachtet und behorcht:

Zwischen der Erd' und dem Meer und den himmlischen Höh'n in der Mitte
Lieget ein Ort, abgrenzend der Welt dreischichtige Kugel,
Wo man, was irgend erscheint, wie fern auch der Raum es gesondert,
Schaut, und jeglicher Schall die gehöhleten Ohren durchdringet.
Fama erkor sich den Ort und bewohnt den erhabensten Gipfel,
Rings unzählbare Gäng' und der Öffnungen tausende ringsher
Gab sie dem Haus, und es sperrte nicht Tor noch Türe die Schwellen.
Tag und Nacht ist es offen, und ganz aus klirrendem Erze
Tönet es ganz und erwidert den Laut, das Gehörte verdoppelnd.
Nirgend ist Ruh inwendig und nirgendwo schweigende Stille;
Doch auch nirgend Geschrei; nur flüsternder Stimmen Gemurmel:
Wie von des Meers Aufbrandung, wenn fernher einer es höret,
Schallt das Geräusch; wie dumpf, wann Jupiter krachende Schläge

Sandt' aus schwarzem Gewölk, abziehender Donner verhallen.
Höf' und Säle durchwühlt's; leichtflatternde gehen und kommen;
Und mit wahren Gerüchten ersonnene wild durcheinander
Ziehn bei Tausenden um und rollen verworrene Worte.
Einige füllen davon mit Geschwätz die müßigen Ohren;
Andere tragen Erzähltes umher; und das Maß der Erdichtung
Wächst; und es fügt zum Gehörten das Seinige jeder Verkünder.
Dort ist gläubiger Wahn und dort zutappender Irrtum,
Eitele Fröhlichkeit dort, bei dumpf anstarrenden Schrecken,
Aufruhr, jählich empört, und unverbürgte Gezischel.
Aber sie selbst, wo im Himmel, im Meer, in den Landen was Neues
Aufblickt, schaut es sogleich und durchspäht den unendlichen Weltraum.

Diese dichterischen Schilderungen geben zwar eindrucksvolle Bilder vom Wesen der Fama, fragen aber nicht nach der kritischen Einwirkungsmöglichkeit des Menschen. Dies tut im 2. Jahrhundert n. Chr. der spätgriechische Satiriker und Essayist Lukian. Auch er geht von einem Bild aus, aber entwickelt daran eine Theorie, die zum Teil das vorwegnimmt, was die moderne Psychologie über Ursachen und Wirkungen von Klatsch und Gerücht aussagt.

In seiner Schrift *Gegen die Verleumdung oder daß man denen, die anderen Böses nachsagen, nicht zu leicht glauben müsse* setzt sich Lukian mit dem «tragischen Dämon der Unwissenheit» auseinander. Die Unwissenheit ist seines Erachtens die Ursache der meisten Übel, von denen die Menschheit geplagt werde, denn sie verhindere, die Menschen und die Dinge in ihrer wahren Beschaffenheit zu erkennen; sie führe ständig zu falschen Schritten, zu Irrtümern, ja sogar zu Tragödien. Weiterhin sei sie auch die Ursache für die katastrophalen Folgen, die durch hinterhältigen Klatsch und verleumderische Denunziation entstehen, durch jene «unwahrhaftigen heimlichen Angebungen, um derentwillen schon so oft Eltern gegen ihre Kinder und Kinder gegen ihre Eltern, Brüder gegen Brüder und Liebende gegen ihre Geliebten zur äußersten Wut getrieben und ganze Häuser, ja ganze Städte und Reiche zu Grunde gerichtet worden sind». Leider würden die meisten Menschen dazu neigen, unwahren Angaben, wenn sie auch nur den kleinsten Anschein von Wahrheit enthielten, ohne weitere Nachprüfung zu glauben.

Um den negativen Folgen von Verleumdungen, unwahren Gerüchten und üblem Klatsch wirkungsvoll entgegentreten zu können, untersucht Lukian die Ursachen und Verlaufsformen solcher Falschinformationen. Er geht dabei von einem Bild des berühmten Malers Apelles von Ephesus aus, der durch eine Verleumdung beinahe sein Leben verloren hätte. Apelles stand lange Zeit in hoher Gunst bei König Ptolemäus IV. Ein neidischer Künstlerkollege flüsterte aber dem leichtgläubigen König ein, Apelles habe Umgang mit Landesverrätern und sei in eine Verschwörung eingeweiht gewesen, die unlängst aufgedeckt worden war. Außer sich vor Zorn und Enttäuschung, wollte der König, ohne die Anschuldigungen näher zu prüfen, seinen langjährigen Vertrauten Apelles hinrichten lassen. Hätte sich nicht jemand gefunden, der den wahren Sachverhalt kannte, den ahnungslosen Maler in Schutz nahm und eindeutig bewies, daß er nicht das geringste mit der Verschwörung zu tun gehabt hatte, so wäre Apelles ohne Zweifel unschuldig getötet worden.

Ptolemäus bereute sehr, daß er der Verleumdung ohne

weiteres geglaubt hatte, und entschädigte Apelles für die ausgestandene Todesangst mit einer hohen Geldsumme; den Verleumder aber bestrafte er, indem er ihn zur Leibeigenschaft verurteilte. Apelles, noch tief beeindruckt von diesem Vorfall, der ihn fast das Leben gekostet hatte, malte sich den Schrecken von der Seele mit einem allegorischen Gemälde, das Lukian folgendermaßen beschreibt: «Rechts im Bild sitzt ein Mann mit übermäßig großen Ohren; neben ihm stehen zwei Frauen, die vermutlich Unwissenheit und Mißtrauen repräsentieren. Der Mann streckt einem schönen Mädchen, das noch ziemlich weit von ihm entfernt ist und einen von Zorn erhitzten Eindruck macht, die Hand entgegen. Das schöne Mädchen verkörpert die Verleumdung. Es trägt in der linken Hand eine brennende Fackel und zerrt mit der rechten einen jungen Mann an den Haaren herbei, der die Hände zum Himmel hebt, als wolle er die Götter zum Zeugen seiner Unschuld anrufen. Vor dem Mädchen geht ein bleicher, hohläugiger Mann, der den Eindruck macht, als sei er von einer schleichenden Krankheit innerlich zerfressen; dieser Mann stellt den Neid dar. Der Verleumdung folgen auf dem Fuße zwei weitere Frauen, die als Arglist und Täuschung zu deuten sind. Hinter diesen geht, in ein schwarzes, zerrissenes Trauerkleid gehüllt, die Reue. Sie weint und wendet dabei schamhaft ihr Gesicht von der Wahrheit ab, die als nackte Frauenfigur in ihrer Nähe steht.»

Dieses Gemälde des Apelles von Ephesus, das Lukian noch gesehen hat, existiert heute nicht mehr, muß aber auf die Zeitgenossen des Malers einen nachhaltigen Eindruck gemacht haben. Lukians Beschreibung hat bestimmt auch dazu beigetragen, daß das symbolträchtige Bild nicht in Vergessenheit geriet. Denn anderthalb Jahrtausende später hielt der italienische Maler Sandro Botticelli, wahrscheinlich aufgrund der präzisen Schilderung Lukians, die gleiche Szene noch einmal im Bild fest. Er nannte das Gemälde, das heute in der Galerie der Uffizien in Florenz hängt, «Die Verleumdung des Apelles».

Anhand des Apelles-Gemäldes entwickelte Lukian eine Theorie der Verleumdung, die dazu beitragen sollte, diesem Übel wirksam zu begegnen. Er beginnt mit einer Definition der Verleumdung: Sie sei «eine Art von Anklage, die hinter dem Rücken des Beklagten vorgebracht und dem Kläger einseitig geglaubt wird, ohne daß man sich darum bekümmert, was der andere Teil dagegen einzuwenden haben könnte». Wie in den zeitgenössischen Komödien habe man hier, so argumentiert Lukian, drei Personen vor sich – in diesem Fall den Verleumder, den Verleumdeten und den, welchem die Verleumdung vorgetragen werde –, die nacheinander auf ihre Rolle hin betrachtet werden müßten. Hauptperson in diesem Drama sei der Urheber der Verleumdung, der unzweifelhaft als Mensch von schlechtem Charakter betrachtet werden müsse. Ein Verleumder mache sich, wie die athenischen Gesetzgeber Drakon und Solon erklärt haben, des höchsten Maßes an Ungerechtigkeit schuldig. Er versuche nämlich, den Zuhörer im voraus derart gegen den Beklagten einzunehmen, daß dieser mit seiner Gegenrede nicht mehr durchdringen könne – und zu verurteilen, ohne vorher zu vergleichen, gelte als himmelschreiendes Unrecht.

Verleumder, so stellt Lukian fest, sind dort am häufigsten anzutreffen, wo die größten Hoffnungen gehegt werden und wo infolgedessen auch die Wirkung von Neid und Mißgunst am nachhaltigsten ist. Vor allem an den Höfen der Mächtigen gebe es oft Leute, die aus dem Hinterhalt giftige Pfeile gegen ihre tatsächlichen oder vermeintlichen Konkurrenten abschießen. Dabei sei das Handwerk des Verleumders keineswegs so einfach, wie man vielleicht glauben könnte; es erfordere vielmehr Scharfsinn, Gewandtheit und Geistesgegenwart. Ein geschickter Verleumder beachte immer eine wichtige Regel: daß man nämlich einer Beschuldigung die größte Wahrscheinlichkeit gibt, indem man sich auf etwas stützt, das mit der beschuldigten Person tatsächlich zu tun hat, nur daß man dies von der negativen Seite her schildert. So mache der Verleumder beispielsweise aus einem Arzt einen Giftmischer oder unterstelle einem Mann mit einem großen Vermögen Habgier und Herrschsucht. Einem eifersüchtigen Ehegatten werde zugeraunt, ein anderer Mann habe bei Tisch heimlich seiner Frau verliebte Blicke zugeworfen, und die Frau habe sich durchaus nicht abgeneigt gezeigt. Wenn also ein wunder Punkt erkennbar sei, richte der Verleumder seine Pfeile besonders gern dorthin.

Seine bösartige Tätigkeit wird dem Verleumder noch dadurch erleichtert, daß jeder Mensch gern Abwechslung hat und Neuigkeiten hört, wobei es zunächst einmal nicht so sehr darauf ankommt, ob diese wahr oder falsch sind. Die Neugier wird, nach Lukians Beobachtung, oft von dem allgemeinen Hang zur Schadenfreude begleitet. Traurig ist dabei, daß der Verleumdete, der nichts von dem ahnt, was gegen ihn vorgebracht worden ist, sich dem Verleumder gegenüber genauso offen und heiter wie gewöhnlich verhält, obwohl er von Schlingen und Fallgruben umgeben ist. Wie soll sich nun, fragt Lukian, ein verständiger Mensch verhalten, wenn ihm etwas zugetragen wird, was jemand anderem schadet? Die Antwort könne doch wohl nur heißen, daß die Vernunft zum Türhüter des Ohres gemacht wird, der nichts, was eindringen will, ungeprüft passieren läßt. Denn: «Ist es nicht lächerlich, wenn man zwar in seinem Hause einen Türhüter hat, die Ohren aber, die die Pforten der Seele sind, offenstehen läßt?»

Lukians Essay über die Verleumdung ist nur eine von zahlreichen Schriften, in denen sich der griechische Satiriker mit den menschlichen Schwächen seiner Zeitgenossen beschäftigt. Auch in seinen *Göttergesprächen*, sechsundzwanzig amüsanten Dialogen verschiedener olympischer Gottheiten, macht er sich über Klatsch- und Schadenfreude lustig. Gleichzeitig unterstellt er diese allzumenschlichen Eigenschaften den Göttern selbst, in der Absicht, den herkömmlichen Götterglauben lächerlich zu machen. Mit dieser aufklärerischen Zielsetzung griff Lukian auf die in der Antike berühmte Menippische Satire zurück, die in vielen Verkleidungen herbe Kritik an Göttern, Menschen und an bestimmten philosophischen Lehren übte. Diese Art der Satire hatte Menippos von Gadara erfunden, ein ehemaliger Sklave, der sich selbst einen «heimlich und unter Lachen beißenden Hund» nannte.

Daß Verleumdungen, auch wenn sie schließlich als unwahr erkannt werden, dem Opfer eines Gerüchts dennoch lange Zeit schaden können, ist eine Erfahrungstatsache, die gern mit der Redensart «Es bleibt immer etwas hängen» gekennzeichnet wird. Seinen literarischen Ursprung hat dieses Zitat wahrscheinlich bei Plutarch. Der griechische Philosoph und Historiker läßt in seiner Schrift *Über den Schmeichler und Freund* einen Mann namens Medius auftreten. Dieser ist Chorführer der Schmeichler im Gefolge Alexanders des Großen und gibt allen den Rat, «kühn mit Verleumdungen zu packen und zu beißen, da, wenn auch der Gebissene seine Wunde heilt (wenn er also nachweisen kann, daß die Verleumdung gegenstandslos ist), doch die Narbe der Verleumdung bleibt».

Der allegorischen Darstellung der Verleumdung und der Phantasiefigur der Fama entsprechen in Mythologie und Literatur noch viele andere Gestalten, die mit der Verbreitung von Gerücht und Klatsch zu tun haben: Hermes bei den Griechen, Loki bei den Germanen, Schlange, Fuchs oder Krähe in vielen Märchen. In der germanischen Mythologie spielt vor allem das behende Eichhörnchen die Rolle des Klatschverbreiters. Ständig läuft es die Weltesche Yggdrasil hinauf und hinab, um das Geschwätz der Menschen zu den Göttern nach oben und den Götterklatsch nach unten zu den Menschen zu bringen.

Die menschliche Schwäche der klatschhaften Geschwätzigkeit ist immer wieder auch bildlich dargestellt worden. Vergils Fama mit dem Federkleid aus neugierigen Augen, lüsternen Ohren und schwatzenden Zungen hat viele Künstler zu entsprechenden Illustrationen angeregt. Zeichner, Maler und Karikaturisten haben die Klatschsucht und ihre Folgen spaßhaft oder satirisch behandelt – in England waren es zum Beispiel Rowlandson, Cruikshank und Hogarth, in Frankreich Grandville, Daumier und Doré. In Deutschland ist «Das Gerücht» von A. Paul Weber wohl die bekannteste Darstellung der neugierigboshaften Fama.

Gelegentlich gab es allerdings Autoren, die – trotz aller Vorbehalte gegen Klatsch und Gerücht – der Fama auch positive Anstöße zubilligten. Im 14. Jahrhundert schrieb der englische Dichter Geoffrey Chaucer, inspiriert durch antike Vorgänger, das allegorische Gedicht «The House of Fame». In diesem Gedicht, das zwischen 1382 und 1384 entstand, fragt Chaucer nach den Möglichkeiten und Grenzen der poetischen Kunst und stellt dabei auch eine Betrachtung über die Tätigkeit des Dichters an, der dem gewöhnlichen Alltagsschwatz völlig entrückt ist:

> Denn nicht allein aus fernem Land
> kommt keine Nachricht dir zur Hand;
> selbst von den Nachbarn, die du fast
> an deiner Haustür wohnen hast,
> hörst du nicht dies noch das.

Chaucer sinniert über Träume, schläft dabei ein und hat selber einen Traum: Er wird in den gläsernen Tempel der Venus versetzt, an dessen Wänden berühmte Liebespaare der Literatur dargestellt sind. Einige von ihnen sind durch Betrug, Untreue oder böses Gerede unglücklich geworden. Als er anschließend aus dem Tempel tritt, findet er sich unversehens in einer Wüste. Plötzlich stößt vom Himmel ein goldglänzender Adler auf ihn herunter, ergreift ihn und steigt mit ihm in die Lüfte. Während des Flugs erklärt ihm der Vogel, er sei von Jupiter gesandt und habe den Auftrag, den Dichter zum Haus der Fama zu bringen, um ihm dort das wirkliche Leben zu zeigen. Durch die Milchstraße und an allen bekannten Sternbildern vorbei geht nun der Flug, bis der Adler den Dichter beim Haus der Fama absetzt. Dieses steht auf einem Felsen aus Eis, der mit berühmten Namen vollgeschrieben ist. Aber die Namen, die an der sonnenbeschienenen Seite stehen, schmelzen in der Wärme; nur die auf der Schattenseite sind noch zu erkennen. Im Inneren des prächtigen Schlosses sitzt auf einem edelsteingeschmückten Thron die Fama, der irdische Ruhm, dessen Größe und Form sich ständig verändert: Bald ist er klein, bald reicht er bis zu den Wolken.

Die unstete Fama ist umgeben von zahllosen Büsten und Statuen bedeutender Persönlichkeiten, deren Ruhm aber nie wirklich sicher ist. Denn die Fama verhält sich bei der Zuteilung des guten oder schlechten Rufs äußerst ungerecht und willkürlich. Der Dichter muß erkennen, daß es für bleibenden Ruhm keine Garantie gibt. Ein guter Ruf kann schnell in üble Nachrede umschlagen. Die Göttin Fama, als Allegorie für jede Art von Überlieferung, kann als «edle Königin», aber auch als mehräugiges, vielzüngiges Ungeheuer auftreten, dessen Größe und Form immer wieder wechseln. Darum empfiehlt sich für den Dichter in bezug auf Ruhmeswünsche skeptische Zurückhaltung.

Aber Chaucers traumhafter Gedankenflug ist noch nicht zu Ende. Nach den Büsten und Statuen der verstorbenen Berühmtheiten bekommt er in dem «Haus der Gerüchte» das wirkliche Leben zu Gesicht, wie es der Adler ihm versprochen hat. Dieses Haus ist ein Bauwerk aus Weidengeflecht, das sich, von außen betrachtet, mit hoher Geschwindigkeit um sich selbst dreht. Von innen spürt man aber von der schnellen Bewegung nichts. Dafür ist es aber um so lauter, denn das Haus ist gedrängt voll von schwirrenden, einander widersprechenden Gerüchten.

Trotz des kaum erträglichen Lärms ist der Dichter sehr beeindruckt von den vielfältigen aktuellen Informationen, die er aufnehmen kann:

Und Herr! Wie voll tagein, tagaus
An Schiffern, Pilgern war das Haus,
In deren vollgepfropften Säcken
Lügen und Neuigkeiten stecken...
Viel Zwölfmaltausende sah ich
An Ablaßkrämern und Verkäufern,
An Abgesandten, Boten, Läufern,
Mit Taschen, voller noch von Lügen
Als jemals Hefe war in Krügen.

Der Dichter erkennt, daß nicht nur der Nachruhm eine fragwürdige Angelegenheit sein kann, sondern daß auch die Gegenwart voller Widersprüche steckt und daß man gut daran tut, jede Information gründlich zu untersuchen, bevor man sie als Wahrheit akzeptiert. Denn, so erklärt ihm Jupiters Adler, jedes Wort ist nur ein Schall, der sich in der Luft bricht, und dieser Schall pflanzt sich in Wellen fort, ähnlich wie ein Stein, der ins Wasser geworfen wird, dort konzentrische Kreise erzeugt. Genauso verhält es sich mit den Sprechgeräuschen und der Luft:

...weiter schwingt
Sie immerfort, und Sprache dringt
Wie Wort und Lärm und Klang und Ton
Stets weiter durch die Luftregion
Zum Haus der Fama, ihrem Ziel.

Mit dem Vorsatz, täglich aufs neue seine Kenntnisse zu erweitern, endet das kleine unvollendete Werk Chaucers und gibt auch den Lesern späterer Jahrhunderte noch Stoff zum Nachdenken über Gerede und Gerüchte.

Auch Intrigen und Verleumdungen sind immer wieder Gegenstand literarischer oder philosophischer Reflexion gewesen. Den vielzitierten lateinischen Ausspruch «Audacter calumniare, semper aliquid haeret» («Verleumde nur kühn! Immer bleibt etwas haften») hat im 17. Jahrhundert der englische Philosoph Francis Bacon zum Anlaß genommen, über die verschlungenen Wege der unheimlichen Fama zu reflektieren. Daß Bacon sich mit der Wirkung von Klatsch und Gerüchten auseinandersetzen wollte, hatte seinen guten Grund: Er war selbst einmal in ein für ihn sehr folgenreiches Gerücht verwickelt gewesen.

Francis Bacon, 1561 in London geboren, war als Jurist und Philosoph gleichermaßen berühmt. Unter König Jakob I. wurde er in den Adelsstand erhoben und 1618 zum Lordkanzler ernannt. Doch bald wurde der erfolgreiche Mann zur Zielscheibe von Angriffen politischer und persönlicher Gegner. Es verbreitete sich das Gerücht, er habe als Richter Bestechungsgelder angenommen. Nach langem Zögern gab Bacon dies schließlich zu, bestritt aber, dadurch in seinem Urteil beeinflußt worden zu sein. Wegen Bestechung und Korruption wurde er zu einer hohen Geld- und Gefängnisstrafe verurteilt, die ihm allerdings auf Fürsprache von König Jakob zum größten Teil erlassen wurde. Doch vom Hofe wurde Bacon verbannt, er verlor seinen Parlamentssitz, seine staatsmännische Karriere war beendet. Die Gunst des Königs verlor er zwar nie ganz, Jakob setzte ihm sogar eine Pension aus und berief ihn nach Jahren wieder ins Oberhaus, aber Bacon ließ sich dort nicht wieder blicken. Trotz des königlichen Wohlwollens war sein Ruf in der Öffentlichkeit beschädigt. Den Rest seines Lebens verbrachte er mit der Abfassung von philosophischen, naturwissenschaftlichen und literarischen Abhandlungen.

Im Umgang mit Gerüchten, Verrat und Intrigen hatte Bacon, als Opfer wiewohl auch als Täter, eine Fülle praktischer Erfahrungen gesammelt. In seinem unvollendet gebliebenen *Essay of Fame* aus dem Jahre 1657 heißt es, es gäbe wohl kein Thema, das so wenig erforscht und dabei doch derart untersuchenswert sei wie Klatsch und Gerücht. Die sagenhafte Gestalt der Fama bewege sich zwar auf der Erde, aber ihr Kopf sei in den Wolken des Himmels verborgen. Besondere Freude finde sie daran, Dinge, die tatsächlich geschehen seien, mit erfundenen zu vermischen. Jetzt aber komme es darauf an, dieses Monstrum, durch genauere Kenntnis seines Wesens, so zu zähmen, daß es dem Menschen aus der Hand fresse.

Für wie bedeutsam Bacon eine grundlegende Beschäftigung mit jeder Art von unverbürgten Informationen hält, geht bereits aus dem hinterlassenen Bruchstück seines Essays hervor. Dem erhaltenen Konzept zufolge hatte Bacon geplant, zu untersuchen, wie Gerüchte entstehen und auf welchen Wegen sie sich vervielfachen, wie man wahre Gerüchte von unwahren unterscheidet und wie man übles Gerede auf seine Substanz hin überprüfen und ad absurdum führen kann.

Auch um Bacon selbst ranken sich Gerüchte – wenn auch außerordentlich positiver Art. Bis heute steht Bacon in der englischen Literaturwissenschaft in dem Ruf, der Verfasser einiger Dramen zu sein, die üblicherweise seinem Zeitgenossen Shakespeare zugeschrieben werden.

Die Literaturen aller Völker sind voll von Beispielen für Klatsch. So mußte im 19. Jahrhundert Lord Byron, vom Tratsch verfolgt, im Jahre 1816 seine Heimat verlassen. Wie der Klatsch um seine Person entstand und sich immer weiter ausbreitete, berichtet sehr eindrucksvoll John Boynton Priestley in seinem Buch *The Prince of Pleasure and his Regency*. Dabei ist nicht allein der Inhalt, sondern auch die große Anzahl der verwendeten Synonyme für Klatsch und Klatschverwandtes bemerkenswert: «Das Zerbrechen der Ehe Byrons sowie die Beschuldigungen und Gegenbeschuldigungen, die diesem Bruch folgten, verdienen sicherlich mehr Platz, als ich ihnen hier einräumen kann. Tausende und Abertausende von Druckseiten sind ihnen gewidmet worden. Während Byron und seine Frau zunächst in aller Harmlosigkeit annahmen, ihre häuslichen Affären waren ‹vertraulich› oder gar ‹streng geheim›, begannen sie bereits ihre Tragikomödie im hellen Rampenlicht zu spielen. Sie boten nicht bloß Stoff für endloses Geschwätz und geflüsterte Verbreitung schlimmster Gerüchte unter den Angehörigen ihrer eigenen High Society, einer relativ kleinen Gesellschaftsschicht, die ständig Unterhaltung brauchte und immer auf der Suche nach aufregenden Gesprächsthemen war. Hinzu kam der eher skrupellose Teil der Londoner Presse, der Klatschgeschichten weitergab und diese unter den verschiedenen Leserschichten verbreitete. Und gerade zu dieser Zeit war Byrons dichterischer Ruf größer als je zuvor. Mittelmäßige Verserzählungen, wie zum Beispiel

‹Der Korsar›, in wenigen durchzechten Nächten heruntergeschrieben, wurden bereits am Erscheinungstag zehntausendweise verkauft. Er war ‹in›, wie wir heute sagen. Und so fürchterlich war der Skandal, daß das Entsetzensgeflüster zu einem Verdammungsgebrüll anschwoll. Und so verließ er am 25. April 1816 England, kam nie wieder zurück und verfaßte seine besten Werke im Exil.»

Ähnlich schlechte Erfahrungen mit Klatsch aus vorgeblich moralischen Gründen machte hundert Jahre später William Somerset Maugham. Der berühmte Schriftsteller war mehrere Jahre lang verheiratet gewesen und hatte eine Tochter aus dieser Ehe. Im Laufe der Zeit fühlte er sich aber immer mehr zu Männern hingezogen. Als Vierzigjähriger lernte er einen jungen Amerikaner kennen, Gerald Haxton, der damals Anfang Zwanzig war. Maugham engagierte ihn als seinen Sekretär und Reisebegleiter und lebte fast fünfundzwanzig Jahre lang mit ihm zusammen. Trotz Maughams Diskretion kam diese Beziehung aber schon bald als Klatschthema an die Öffentlichkeit. Denn der junge Haxton benahm sich alles andere als diskret: Er trank viel, prügelte sich in Kneipen herum und kam 1915 wegen Erregung öffentlichen Ärgernisses kurzfristig ins Gefängnis. Wenig später wurde er als unerwünschter Ausländer des Landes verwiesen. Seinem Freund zuliebe blieb Maugham nichts anderes übrig, als ebenfalls England zu verlassen. Immerhin war er finanziell in der glücklichen Lage, sich eine prächtige Villa an der Côte d'Azur kaufen zu können, wo er bis zu seinem Tod im Jahre 1965 wohnte.

Sich der allgemeinen Klatschlust auf solche Weise einfach zu entziehen ist jedoch nur den wenigsten Menschen gegeben; alle übrigen müssen sich der sozialen Kontrolle durch Klatsch wohl oder übel aussetzen. Selbst wenn die Klatschsucht benannt und lächerlich gemacht wird – wie etwa in der Theaterliteratur, von Aristophanes über die italienische Commedia dell'arte bis zu Shakespeare, Molière oder Kotzebue –, bleibt sie allgegenwärtig.

Daß das hämische Gerede über Abwesende geradezu als Selbstverständlichkeit betrachtet wird, zeigt eine zum geflügelten Wort gewordene Bemerkung in der Komödie *Die Lästerschule* von Richard Brinsley Sheridan: «Sie müssen mich jetzt bitte entschuldigen», verabschiedet sich ein Gast von der noblen Gesellschaft, bei der er eingeladen war, und fügt dann ironisch-begütigend hinzu: «Aber ich lasse Ihnen ja meinen Charakter hier.»

# *Gerücht und Klatsch*

> Ein bedeutendes Ereignis wird man in derselben Stadt abends anders als am Morgen erzählen hören.
>
> *Johann Wolfgang von Goethe*

Klatsch und Gerücht werden oft in einem Atemzug genannt. Das ist nicht ganz falsch, denn beide sind gelegentlich miteinander verbunden: Aus Klatsch kann ein weitverbreitetes Gerücht werden, und an Gerüchten kann sich Klatsch entzünden. Dennoch sind beide Begriffe nicht identisch.

Klatsch bezieht sich, als Nachrede über einen Abwesenden, im allgemeinen auf Einzelpersonen. Seine Themen gelten als trivial, und eine Wortzusammensetzung wie «Kaffeeklatsch» deutet an, daß diese Form der belanglosen Kommunikation meist in einem begrenzten Kreis in geselliger Runde als harmlose Freizeitbeschäftigung stattfindet und zudem – allerdings zu Unrecht – vor allem den Frauen zugeschrieben wird.

Dagegen merkt man dem Gerücht noch seine ursprüngliche Bedeutung an: Gerufe oder Geschrei. Im niedersächsischen Rechtsleben bezeichnete das mittelniederdeutsche Wort «geruchte» das Not- und Hilfegeschrei, das erhoben wurde, wenn man einen Rechtsbrecher auf frischer Tat ertappt hatte, außerdem auch das früher übliche Geschrei und Gejammer, mit dem vor Gericht Klage erhoben wurde. In diesem juristischen Sinn entwickelte das Wort «geruchte» allmählich die Bedeutung von «Ruf» oder «Leumund», was sich noch in der Redensart «in gutem (oder schlechtem) Geruch stehen» bewahrt hat, mit der man andeuten will, daß jemand gut oder übel beleumdet sei. Etwa um 1500 gelangte das Wort dann vom Niederdeutschen ins Hochdeutsche, wo es vorwiegend als Bezeichnung für «umlaufendes Gerede, unverbürgte Nachricht» verwendet wurde. Die rasche Verbreitung einer solchen Nachricht wird auch heute noch mit dem Begriff Gerücht assoziiert.

Wie schnell ein Gerücht umläuft, ohne daß man weiß, wer es eigentlich in die Welt gesetzt hat, beschreibt Siegfried Lenz in *So zärtlich war Suleyken* sehr anschaulich: «Kaum war das Gerücht entstanden, da tat es auch schon das, was offenbar in seiner Natur liegen muß: es verbreitete sich. Verbreitete sich über ganz Suleyken, sprang über nach Schissomir, rannte den Bahndamm entlang nach Striegelhof und gelangte, dieses Gerücht, nach Überquerung der Kulkaker Wiesen direkt in die Kreisstadt. Hier verlief es sich erst mal, hatte sich verirrt, wie es schien, aber dann fand es doch den Weg: stolzierte eines Tages über den Marktplatz, die Treppen zum Magistrat hinauf, klopfte an eine gewisse Türe und war, wie die Ereignisse zeigen werden, am Ziel. Dies Gerücht: niemand kann sich eigentlich erinnern, wie es entstanden ist, nur was es besagte, das ist noch im Gedächtnis. Und es besagte ungefähr, daß in der Suleyker Familie Plock, in puncto Gesundheit und auch sonst, alles ziemlich brach- und darniederlag. Die Angehörigen dieser Familie, so erzählte man, hätten entweder dicke Bäuche oder gar keine, sie äßen lebende Tiere, Schimmel vor allem, weiterhin bevorzugten sie, ihre Speisen von der Erde zu essen, und zeigten die sonderbare Neigung, sich mit den Tieren zu unterhalten.»

Bildhaft schildert Lenz damit zugleich einige Prinzipien, die Klatsch und Gerücht gemeinsam sind. Beide Kommunikationsformen leben davon, daß sie für einen bestimmten Personenkreis eine besondere Bedeutung haben, nach individuellen Bedürfnissen unterschiedlich interpretiert werden können, in bezug auf ihren Wahrheitsgehalt, ihre Herkunft und die Motive ihrer Verbreitung oft unbestimmbar sind und häufig (wie Lenz' masurische Geschichte später auch erweist) ein «Körnchen Wahrheit» enthalten.

Wie der Klatsch, so sind auch Gerüchte ein Gradmesser für Spannungen in einer Gruppe, für das «Klima» in einer Firma, für die «Atmosphäre» im Freundes- und Bekanntenkreis. Doch während der Klatsch vorwiegend auf Persönliches und «Allzumenschliches» zielt, haben Gerüchte meist überpersönliche Anlässe mit größerer Tragweite.

Zu allen Zeiten haben Gerüchte eine wichtige Rolle in der Geschichte gespielt. Um sich vor unliebsamen Gerüchten zu schützen, setzten die römischen Kaiser «delatores» (Angeber, Ankläger, Denunzianten) als öffentliche Gerüchte-Wächter ein. Diese hatten die Aufgabe, sich unter das Volk zu mischen und herumzuhorchen, was die Leute sich erzählten, und das Gehörte dann dem Kaiser mitzuteilen. Die Geschichten, die man einander auf dem Markt oder auf der Straße erzählte, waren ein guter Gradmesser für die Stimmung in der Öffentlichkeit. Manchmal wurden von den «delatores» selbst neue Gerüchte in Umlauf gebracht, die dem betreffenden Herrscher nützen sollten. Ein bekanntes Beispiel hierfür lieferte Kaiser Nero im Jahre 64 n. Chr. nach dem großen Brand von Rom. Zunächst glaubte das verängstigte Volk, der ungeliebte Kaiser habe selbst das Feuer legen lassen, damit er die Stadt nach seinen Vorstellungen neu aufbauen könne. Es hieß sogar, Nero habe aus Begeisterung über den Anblick der Feuersbrunst eine Ode komponiert. Um solche Gerüchte von sich abzulenken, setzte der Kaiser das Gegengerücht in Umlauf, die Christen hätten das Feuer gelegt. Diese Version kam den allgemein verbreiteten Vorurteilen und Ressentiments sehr entgegen, und da man gegen den Kaiser ohnehin nichts unternehmen konnte, richtete sich der Haß verstärkt gegen die Christen, die daraufhin verfolgt und auf grausamste Art gequält und getötet wurden.

Auch dieses Gerücht zeigt die typischen Merkmale: Der Brand ihrer Stadt hatte für das Leben der Bevölkerung entscheidende Bedeutung. Seine Ursache war unklar. Man konnte zwar den Kaiser als Urheber vermuten, nahm aber aus Angst vor diesem ein schwächeres Objekt, die christliche Minderheitengruppe, bereitwillig als «Sündenbock» an.

Aber nicht nur gegen Gruppen, sondern auch gegen Einzelpersonen können sich Gerüchte und Verleumdungen wenden. Gerüchte waren dafür verantwortlich, daß der Philosoph Sokrates zum Tode verurteilt wurde. Man beschuldigte ihn, die Jugend von Athen verführt und zur Rebellion aufgestachelt zu haben.

Die Hexenjagden des Mittelalters, der zahllose Frauen zum Opfer fielen, beruhten auf abergläubischen Vorstellungen, die zu Gerüchten, Klatsch und Denunziationen führten. Angebliche Wundertaten, Erscheinungen von Heiligen oder «wunderbare Heilungen» breiteten sich gleichermaßen gerüchteweise aus wie die mancherorts immer noch geglaubte Mär von sagenhaften Seeungeheuern. Das Privatleben von Päpsten und von Kaisern war ebenso Gegenstand von phantasievollen Mutmaßungen wie das Leben von Nonnen und Mönchen in den Klöstern. Gerüchte über Menschen, die in einer gewissen Distanz zu ihrer Umwelt lebten, hielten sich um so hartnäckiger, je schwieriger sie zu widerlegen waren. Sie tauchten irgendwo auf, wurden weitergegeben und beeinflußten das Urteil der Öffentlichkeit. Bevor es kontrollierbare Institutionen wie Zeitungen, Rundfunk und Fernsehen gab, deren Informationen miteinander verglichen werden können, verließ man sich zwangsläufig auf dic mehr oder wenigeresicherte private Nachricht, auf das Hörensagen.

Doch wider Erwarten hat in unserem Zeitalter des «globalen Dorfes», wo Nachrichten leichter überprüfbar sind und Falschinformationen schneller widerlegt werden können, das Bedürfnis nach Klatsch und Gerücht keineswegs nachgelassen. Je breiter unser Erfahrungshorizont wird, desto größer und weiträumiger sind auch die Möglichkeiten für Gerüchtebildung. Kriege in fernen Weltgegenden, Finanzkrisen, Dürre- und Hungerkatastrophen sind Geschehnisse, die uns heute unmittelbar angehen. Wirtschaftliche oder politische Krisen in Nachbarstaaten können das eigene Land schnell in Mitleidenschaft ziehen. Die Angst vor Versorgungsnöten oder gar kriegerischen Auseinandersetzungen gibt Gerüchten reichlich Raum. Und unser alltäglicher Bedarf an Klatsch und Tratsch ist längst nicht mehr auf das Aussehen oder Verhalten unserer Nachbarn und Berufskollegen begrenzt, sondern wird auch durch Medieninformationen über das intime Tun und Lassen amerikanischer Filmstars, französischer Sängerinnen oder englischer Regierungsmitglieder ständig gestillt und neu gereizt.

Gerüchte kommen, wie die genannten Beispiele zeigen, vor allem in Zeiten politischer und wirtschaftlicher Krisen auf. Um militärische Informationen geheimzuhalten, strategische Niederlagen zu verschleiern und die «Kampfmoral» eines Volkes nicht durch umlaufende Gerüchte von schweren militärischen Verlusten, von Greueltaten oder vom Versagen der Führung beeinträchtigen zu lassen, wurden und werden nachteilige Berichte in Kriegs- und Krisenzeiten oft unterdrückt. In manchen Ländern werden die Verbreiter von regimegefährdenden Gerüchten streng bestraft. In Deutschland wurde, kurz nach Hitlers Machtergreifung, das «Heimtückegesetz» vom 20. Dezember 1934 erlassen. Dieses Gesetz richtete sich gegen «heimtückische Angriffe auf Staat und Partei» und diente außerdem zum Schutz der Parteiuniformen. Wer Greuelnachrichten verbreitete oder mißbräuchlich Uniformen oder Abzeichen der NSDAP und ihrer Gliederungen benutzte, wurde mit Gefängnis bestraft. Als Greuelnachrichten galten «unwahre oder gröblich entstellende Behauptungen tatsächlicher Art, die geeignet sind, das Wohl des Deutschen Reichs oder das Ansehen der Reichsregierung, der NSDAP oder ihrer Gliederungen schwer zu schädigen».

Bei einer Untersuchung von Gerüchten in Kriegszeiten stellten die amerikanischen Psychologen Gordon W. Allport und Leo Postman fest, daß Gerüchte durchaus keine Merkwürdigkeit innerhalb des sonst sinnvollen menschlichen Sozialverhaltens seien, sondern daß auch andere Formen der Kommunikation – wie Erlebnisberichte, Biographien, Legenden, Aphorismen oder Sprichwörter – nach dem Muster des Gerüchts ablaufen, das durch ungenaue, oft verzerrte Erinnerung, Vergessen, Phantasie und nachträgliche verstandesmäßige Erklärung charakterisiert ist.

Lästigen und schädlichen Gerüchten versucht man mit Dementis oder auch, wenn man ihre Herkunft kennt, mit juristischen Maßnahmen gegen den Gerüchteverbreiter zu begegnen. Gegen demoralisierende Gerüchte, die besonders in Kriegszeiten häufig sind, erprobte man während des Zweiten Weltkriegs in Amerika eine psychologische Waffe: die «Gerüchteklinik». Sie war eine im Sinne der amerikanischen Regierung eingesetzte journalistische Einrichtung, um diffamierende Behauptungen und Krisengerüchte einzudämmen, durch die die amerikanische Bevölkerung während des Kriegs beunruhigt wurde. Zwischen März 1942 und Dezember 1943 gab die Bostoner Zeitung *Herald Traveler* eine wöchentlich erscheinende Artikelserie heraus, die sich, unter Mitarbeit von Psychologen, um die Aufdeckung von haltlosen Gerüchten bemühte. Die Idee einer solchen Gerüchteklinik wurde innerhalb kürzester Zeit von zahlreichen Zeitungen und Zeitschriften in Amerika und Kanada übernommen.

Zu den Gerüchten, die man damals bekämpfen wollte, weil sie das Ansehen der amerikanischen Armee bei der Bevölkerung herabsetzten, gehörte beispielsweise das folgende: «Mehr als fünfhundert Angehörige des weiblichen Truppenbetreuungsdienstes sind wegen Schwangerschaft aus dem Dienst in Nordafrika entlassen worden.» Und:

«General Eisenhower hat geäußert, die weiblichen Armeeangehörigen machten ihm den größten Ärger und seien in seinen Augen völlig unnütz.» Um diesen Gerüchten entgegenzuwirken, wurde in der als Gerüchteklinik fungierenden Zeitungskolumne zunächst einmal sachlich berichtigt, daß sich in Nordafrika erheblich weniger als fünfhundert Truppenbetreuerinnen aufhielten, folglich auch nicht mehr als fünfhundert entlassen worden sein konnten. Darüber hinaus habe General Eisenhower nachweislich betont, daß er diesen Truppenteil für außerordentlich wichtig halte.

Nach dem Versuch einer sachlichen Widerlegung des Gerüchts wurde den Zeitungslesern empfohlen, beim Hören derartiger Falschberichte den Gerüchteverbreiter zu fragen, wie viele solcher Fälle er selber tatsächlich kenne. Ferner solle man ihn bitten, die Namen derjenigen Truppenbetreuerinnen zu nennen, die ihm persönlich bekannt seien. Durch solche Nachforschungen werde sich dann sehr bald herausstellen, daß es sich bei diesen angeblichen Tatsachenberichten um reine Erfindungen handele. Bei der weiten Verbreitung solcher Behauptungen müsse man außerdem leider feststellen, daß es mit der vielgerühmten Ritterlichkeit der Amerikaner, ganz abgesehen von ihrer Intelligenz, wohl nicht so weit her sein könne.

Verleumderische Unterstellungen solcher und ähnlicher Art könnten allerdings, so schrieben die Gerüchteklinik-Psychologen, auch durch eindeutige Widerlegung in Form von beweisbaren Tatsachen nicht völlig aus der Welt geschafft werden. Denn die Ursachen für die Verbreitung solcher Gerüchte lägen tiefer. Die menschliche Gesellschaft stelle Forderungen an jeden einzelnen, denen man so gut wie möglich nachzukommen versuche. Um in der Achtung anderer Menschen zu steigen, verdränge man oft bestimmte «niedrige» Impulse. Diese Verdrängung führe dazu, daß man Tendenzen, die man bei sich selbst kritisiere und nicht wahrhaben möchte, auf andere Personen projiziere. Man wolle sich beispielsweise nicht eingestehen, daß man Angst oder Vorurteile habe, daß man neidisch oder selbstsüchtig sei. Nach außen zeige man dann die angepaßte, sozial erwünschte Seite, aber innen versteckten sich die für negativ gehaltenen Eigenschaften. Beim Auftauchen eines Gerüchts, das anderen Menschen negative Handlungsweisen oder Charaktereigenschaften zuschreibt, sei man daher schnell bereit zuzustimmen und vergröbere das Gerücht häufig noch durch eigene Zutaten. Eigene Defekte würden also auf andere Personen projiziert, wodurch man sich selbst für unausgelebte, «verbotene» Handlungen, die man selbst vielleicht gern begangen hätte, schadlos halte.

Für besonders schädlich wurden damals Gerüchte gehalten, die sich gegen rassische Minderheiten richteten, denen unterstellt wurde, sie entzögen sich mit Hilfe von Tricks oder Bestechung dem Militärdienst, sie planten einen Aufstand und wollten die Regierung stürzen. In ihren Zeitungskolumnen legten die Gerüchtekliniken dar, welchen Schaden derartige Behauptungen anrichten könnten, da sie ja nicht nur die eigene Bevölkerung demoralisierten, sondern sogar dem Feind so sehr nützen könnten, daß Amerika möglicherweise durch Gerüchte in Gefahr gerate, den Krieg zu verlieren.

Diese Befürchtung erwies sich zwar letzten Endes als unbegründet, zeigte aber, welchen stellenwert man Gerüchten zuerkannte. Die Gerüchtekliniken versuchten, ihre Leser «gerüchtbewußt» zu machen. Es wurde sogar angeregt, man solle sich aus Treue zum Staat als «Gerüchte-Reporter» betätigen und umlaufende Gerüchte und Falschberichte den Gerüchtekliniken anzeigen. Als besonders gut geeignet für diese Tätigkeit erwiesen sich Leute, die beruflich mit einem größeren Publikum zu tun hatten – zum Beispiel Friseure, Taxifahrer und Gastwirte –, denen offensichtlich, und nicht nur in Kriegs- und Krisenzeiten, in reichem Maße Klatsch und Gerüchte zugetragen werden.

Gegen Ende des Krieges, als die Gefahr einer amerikanischen Niederlage nicht mehr zu befürchten war und damit auch eine die Gerüchteverbreitung begünstigende Situation nicht mehr bestand, stellten die meisten Gerüchtekliniken ihre Arbeit ein, weil das allgemeine Interesse daran erlosch. Obwohl der Erfolg der weitverbreiteten Aktion nicht genau meßbar war, hatten die Gerüchteforscher zumindest die Befriedigung, eine Menge über die Umlaufprinzipien, Mechanismen und Kanäle von Gerüchten erfahren zu haben und den Motiven für Gerüchtebildung und -verbreitung auf die Spur gekommen zu sein.

Das Gefühl bedrohter Sicherheit, Sorge um die Erhaltung der bisherigen Lebensqualität oder auch reale Existenzangst können Auslöser für Gerüchte über die schwer durchschaubare Übermacht von großen Wirtschaftsverbänden, Konzernen, Gewerkschaften oder staatlichen Organen sein. Unkenntnis, Angst vor dem Fremden, Vorurteile und oftmals auch Konkurrenzneid führen dagegen zu Gerüchten, die sich auf kleinere Minderheiten beziehen.

Eine an Rufmord grenzende Flüsterpropaganda kursiert immer wieder einmal durch deutsche Städte. Einen ersten Höhepunkt hatte diese Art der Gerüchteverbreitung bereits im Jahre 1973. Betroffen waren zahlreiche ausländische Gastwirte, die griechische, türkische, jugoslawische, italienische oder chinesische Restaurants führten. Das Gerücht, das an mehreren Orten gleichzeitig auftauchte, dessen Herkunft aber ungeklärt blieb, besagte, daß ein bestimmtes, namentlich genanntes Lokal Rattenfleisch unter falschem Etikett zum Verzehr anbiete. In Hamburg war ein chinesisches, in Berlin ein griechisches, in Mainz ein jugoslawisches und in weiteren sechzehn deutschen Städten und Dörfern waren andere ausländische Restaurants von diesem Gerücht betroffen.

Die Wochenzeitung *Die Zeit* ging dieser Flüsterpropaganda nach. Dabei stellte sich heraus, daß die überprüfenden Behörden in jedem einzelnen Fall die Unhaltbarkeit dieses diffamierenden Gerüchts festgestellt hatten. Erzählt wurde in allen Fällen etwa folgender Sachverhalt: Jemand habe in einem ausländischen Spezialitätenlokal gegessen, und während des Essens sei ihm ein kleiner Knochen im Hals steckengeblieben. Ein herbeigerufener Arzt habe sich um den Gast gekümmert, den Knochen als Rattenknochen identifiziert und das zuständige Ordnungsamt benachrichtigt. Die Polizei habe dann bei ihrer Untersuchung Dutzende von enthäuteten Ratten im Kühlschrank des betreffenden Restaurants gefunden.

Laut Gerücht wurde der Besitzer sofort festgenommen und das Lokal geschlossen. Diese angebliche Tatsache konnte aber leicht als unwahr aufgeklärt werden, also hieß es in solchen Fällen: Das Restaurant sei nur einen oder zwei Tage lang geschlossen gewesen, würde aber jetzt von der Ehefrau (oder dem Sohn, der Tochter, einem Freund) des Besitzers weitergeführt. Obwohl diese verleumderischen Behauptungen sehr bald als Gerüchte bloßgestellt werden konnten, erlitten viele der betroffenen Gastwirte einen empfindlichen finanziellen Verlust, denn ein Teil ihrer Gäste blieb längere Zeit aus. In einem Dorf im Taunus, wo das Gerücht ebenfalls umlief, kontrollierte die Gesundheitsbehörde das betreffende Restaurant innerhalb weniger Tage mehrmals unangemeldet, stellte aber fest, daß nichts zu beanstanden war. Daraufhin machte der Bürgermeister des Dorfes, um negative Folgen des Gerüchts abzuwenden, das Restaurant zu seinem Stammlokal.

Das «Körnchen Wahrheit», das den Umlauf derartiger Gerüchte begünstigt hatte, war vermutlich folgendes: Im Sommer desselben Jahres hatte eine Zeitschrift einen Fotobericht darüber veröffentlicht, daß die Sauberkeit in den Küchen verschiedener ausländischer Lokale, aber auch mancher deutscher Hotels und Restaurants gelegentlich sehr zu wünschen übrig lasse. Diesen konkreten, durch Fotos veranschaulichten Sachverhalt konnte sich ein bösartig ausgestreutes Gerücht über unliebsame Konkurrenzlokale leicht zunutze machen.

Gerüchte betreffen allerdings nicht nur die kontrollierbaren Bereiche des alltäglichen Lebens, sondern erstrecken sich oft auch auf Dinge und Zustände, die außerhalb menschlicher Reichweite liegen. Unsere von Technokratie geprägte Zeit scheint gerade für Gerüchte irrationaler Art besonders anfällig zu sein. Noch im Jahre 1938 war ein Hörspiel wie *Krieg der Welten* von H. G.

Wells, in der Version von Orson Welles, imstande, Tausende von Radiohörern in panikartige Angst zu versetzen. Die von vielen für wahr gehaltene «Nachricht», die Erde werde von Marsungeheuern angegriffen, führte dazu, daß Menschen fluchtartig ihre Häuser verließen und es auf den Straßen Massenkarambolagen von Autos gab.

Über ein ebenso absurdes wie übles Gerücht, das von einer deutschen Tourismus-Managerin in den USA verbreitet wurde, berichtete die Berliner *tageszeitung* im Frühjahr 1995. Der New Yorker Korrespondent der Zeitung stellte fest, daß besagte Dame schon seit Jahren Texte in Umlauf brachte, in denen der Holocaust geleugnet und das Naziregime verharmlost wird. Anlaß für den Bericht war eine Deutschlandreise von amerikanischen und kanadischen Journalisten.

Um mehr Touristen aus Nordamerika für Deutschland zu interessieren, hatte die Deutsche Zentrale für Tourismus (DZT) acht renommierte Reisejournalistinnen und -journalisten aus den USA und Kanada eingeladen, unter historisch qualifizierter Leitung eine «Studienreise auf den Spuren Martin Luthers» zu machen. Betreut wurden die Gäste auf ihrer einwöchigen Promotiontour durch Deutschland von der Leiterin der Verkaufsabteilung im New Yorker German National Tourist Office, Elke Berg. Die aus Wuppertal stammende Frau übte neben ihrer leitenden Funktion in der größten Auslandsfiliale der DZT noch eine andere Tätigkeit aus: Mindestens seit Ende der achtziger Jahre verbreitete sie Texte, in denen die Ermordung von Millionen Juden in deutschen Konzentrationslagern als Fälschung hingestellt wird.

Elke Berg, seit 1976 bei der DZT beschäftigt, arbeitete

dabei gemeinsam mit ihrem heutigen Ehemann, Friedrich Paul Berg, einem in den USA sehr bekannten «Revisionisten». Ihre Texte veröffentlichte sie auch unter dem Namen ihres ersten Mannes, Kniepkamp. In einem ihrer Artikel mit dem Titel «Typhus und die Juden» versuchte das Paar zu beweisen, daß Juden nicht in Gaskammern der Nationalsozialisten umgebracht worden, sondern der Seuche zum Opfer gefallen waren. Vor allem die «unhygienischen» Juden in den Ghettos von Warschau und anderen polnischen Städten seien für ihr Schicksal selbst verantwortlich gewesen, weil sie die Waschvorschriften der Deutschen nicht befolgt hätten.

In diesem Artikel behauptete das Paar Berg/Kniepkamp, im Vergleich zur übrigen Bevölkerung seien die Typhusraten unter den Juden «mit 70–80 Prozent, in einigen Gemeinden sogar 95–97 Prozent» überproportional hoch gewesen. Gaskammern zur Vernichtung von Juden hätten überhaupt nicht existiert. Und Zyklon B sei von den Nationalsozialisten nur in halboffenen Tunnelanlagen angewendet worden, um Waggons, in denen vorher Juden transportiert worden waren, zu desinfizieren und zu entlausen. Als angeblichen Beweis für ihre Behauptungen fügten die beiden ihrem Artikel eine Übersetzung des Textes «Eine moderne Eisenbahn-Entwesungsanlage» aus dem deutschen *Anzeiger für Schädlingskunde* von 1938 und einen Beitrag «Verkehrshygiene und Schädlingsbekämpfung» aus der Zeitschrift *Gesundheits-Ingenieur* von 1943 an.

Dieses Machwerk wurde in den einschlägigen US-Publikationen *The Journal of Historic Review* und *Leuchter-Report* abgedruckt, herausgegeben von dem selbsternannten «Exekutionsexperten» Fred Leuchter, der behauptet, die von den Nazis begangene Massenvernichtung von Juden sei technisch gar nicht möglich gewesen.

Obwohl dem Chef der New Yorker DZT-Filiale, der Frankfurter Zentrale und dem Bundeswirtschaftsministerium, das für die zu 85 Prozent aus Steuermitteln finanzierte DZT zuständig ist, spätestens seit dem Frühsommer des Jahres 1994 eindeutige Hinweise auf die Gesinnung von Elke Berg vorlagen, wurde, laut Bericht der *tageszeitung*, wegen des «Typhus»-Gerüchts nichts unternommen. Erst die Klageschrift einer DZT-Mitarbeiterin in der New Yorker Filiale, in der Elke Berg wegen rassistischer und sexistischer Äußerungen unangenehm aufgefallen war, brachte wenigstens eine interne Debatte in Gang. Im Mai 1995 wurde Elke Berg, die nach eigenen Worten «die Holocaust-Story als absurd» betrachtete, wegen Verbreitung der sogenannten Auschwitz-Lüge und anderer rechtsextremer Geschichtsdarstellungen von der Deutschen Zentrale für Tourismus fristlos entlassen.

# *Die «Gier» an der Neugier*

> Neugierigkeit, Curiosität, ist eine Art der Wollust ...
>
> *Zedlers Universal-Lexikon, 1740*

Zur Neugier hat die Gesellschaft ein gespaltenes Verhältnis. Als «Lauschen an der Wand» ist sie verpönt, als Wissensdurst ist sie höchst erwünscht. Anscheinend wird die «Gier» an der Neugier mißbilligt – sie ist unbeherrscht, unkontrolliert, triebhaft, und das macht sie lästig oder sogar gefährlich. «Mit Vorliebe wendet sich die Neugierde der Privatsphäre der näheren mitmenschlichen Umwelt (ihrem ‹Klatsch› oder Intimbereich) zu, ohne sich daran durch Taktgefühl hindern zu lassen», erklärt die Brockhaus Enzyklopädie; dem Neugierigen gehe es vorwiegend um das Erleben kleinerer oder größerer Sensationen.

Schon Johann Heinrich Zedlers Universal-Lexikon in der Goethezeit sah die Neugier mit scheelem Blick: «Neugierigkeit, Curiosität, ist eine Art der Wollust, da man nach neuen und ungewöhnlichen Sachen begierig ist, um sich dadurch zu belustigen und die Zeit hinzubringen. Auf solche Weise gehöret die Curiosität mit unter die Schwachheiten des menschlichen Willens, weil das Absehen auf eine blosse Belustigung und Veränderung gehet.»

Zu dieser besonderen Willensschwäche zählen nach Zedlers Ansicht fünf Arten: «1. Wenn wir uns um das bekümmern, so uns nichts angehet, welche Art jedoch besser mit den Namen der Nasenweißheit belegt wird… 2. wenn wir uns zu thun machen mit unnötigen Dingen; 3. wenn wir schwehrere Sachen vornehmen wollen, ehe wir die leichten oder Principien begriffen; 4. wenn wir dasjenige wissen wollen, so uns Gott nicht geoffenbaret, und endlich 5. wenn wir mit dem bloßen Willen Gottes nicht wollen zufrieden sein, sondern auch die Ursachen davon zu wissen verlangen.»

Diese fromme Deutung bezieht sich aller Wahrscheinlichkeit nach auf die biblische Erzählung vom Garten Eden und die christliche Lehre von der Erbsünde. Neugier war es ja gewesen, die den ersten Menschen die paradiesische Unschuld nahm. Von allen Früchten dürften sie essen, hatte Gott zu Adam und Eva gesagt; nur den Baum in der Mitte des Gartens sollten sie nicht anrühren und seine Früchte nicht essen, sonst müßten sie sterben. Aber die Schlange hatte den unschuldigen Gartenbewohnern die Angst ausgeredet und ihnen versprochen, sie würden wie Gott werden und wissen, was gut und böse sei, sobald sie von dem Baum essen würden.

«Aber das Weib schaute an, daß von dem Baum gut zu essen wäre und lieblich anzusehen, und daß es ein lustiger Baum wäre, weil er klug machte; und nahm von der Frucht und aß, und gab ihrem Manne auch davon, und er aß.» Damit nahm das Unheil seinen Lauf. Die Menschen, die sein wollten wie Gott, wurden aus dem Paradies vertrieben. Neugier, auch wenn sie sich als Erkenntnisdrang darstellte, galt seither, zumindest im christlichen Bereich, als lasterhaft. Vor allem das menschliche Auge sollte sich vor zudringlichen Seitenblicken hüten. Denn dieses Organ, so lehrt ein Bibellexikon, sei nicht nur das «Licht des Leibes oder der Wahrnehmungssinn für das Himmlische und Göttliche», sondern es kann auch, als Spiegel der Seele, stolz oder anmaßend sein und dadurch zur «Einfallspforte der Sünde in das Herz» werden.

Um sich gegen solche Versuchung zu schützen, hatte beispielsweise, dem Bericht des Alten Testaments zufolge, der gottesfürchtige Hiob einen Bund mit seinen Augen geschlossen: Er hatte ihnen befohlen, «niemals begehrlich Ausschau nach einer Jungfrau zu halten». David, der König der Israeliten, war dagegen ein Opfer seiner ungezähmten Neugier geworden: Er hatte die schöne Bathseba heimlich beim Baden beobachtet und sich heftig in sie verliebt. Um sich ihrer zu bemächtigen und ihren Ehemann loszuwerden, schickte er diesen an die vorderste Kriegsfront, wo der Betrogene den Tod fand. Diese Tat brachte David zwar die begehrte Frau, zog ihm aber gleichzeitig den Zorn Gottes zu.

Den Gottlosen, mit den «Augen voll Ehebruchs», droht der Apostel Petrus strenge Bestrafung beim Jüngsten Gericht an. Aber nicht nur vor unerlaubter sinnlicher Begierde soll man seine Augen hüten, auch alle sonstigen neugierigen Blicke soll man meiden. Deshalb raten die Evangelisten Matthäus und Markus: «Wenn dich dein Auge ärgert, so reiß es aus und wirf es von dir. Denn es ist besser, daß du einäugig in das Reich Gottes gehst, als daß du zwei Augen hast und wirst in das höllische Feuer geworfen.» Und der Apostel Johannes warnt vor der verderblichen «Augenlust», die den Menschen, der mit neugierigen Blicken nur die irdische Welt betrachtet, von Gott trennt.

Die biblische Verdammung der Neugier war jahrhundertelang der christliche Maßstab für diese allzu menschliche Eigenschaft. Für den Kirchenvater Augustin gehörte alle Neugier, die sich nicht unmittelbar auf «das höchste Gut» richtete, in den Katalog der Laster. In seinen berühmten *Bekenntnissen* widmete Augustin ein ganzes Kapitel dieser schädlichen Neigung. Aus lauter Neugier erwarte der Mensch immer Zeichen und Wunder, kritisierte der Kirchenlehrer, der vor seiner Bekehrung selbst einmal ein sehr lebenshungriger und schaulustiger Mann gewesen war. Neugier könne auch zu Überheblichkeit führen, erklärte er, weil man nämlich Teilwahrheiten für das Ganze nehme. Der Klatsch, so darf man hinzufügen, folgt genau dem gleichen Prinzip.

Auch Thomas von Aquin, der bedeutendste Theologe und Philosoph des Mittelalters, verurteilte die Neugier rückhaltlos. Er rechnete sie der verhängnisvollen «acedia» zu, der geistigen Trägheit und Gleichgültigkeit, die das Streben des Christen nach Vollkommenheit behindert. Und der Augustinermönch und Reformator Martin Luther schrieb vor allem seinen eigenen Landsleuten das Laster der Neugier zu: «Wir Deutschen sind solche Gesellen, was neu ist, da fallen wir auf», kritisierte er, «und hangen daran wie die Narren, und wer es uns wehret, der macht uns nur toller darauf. Wenn aber niemand wehret, so werden wirs bald selbst satt und müde, und gaffen danach auf ein ander neues.»

Nichtchristliche Denker hatten allerdings schon seit ältesten Zeiten ein ganz anderes Verhältnis zur Neugier. Sie sahen darin nicht bloß das oberflächliche Interesse an vordergründigen Sensationen, sondern erkannten im Neugiertrieb auch die Suche nach Erkenntnis, den Forschungsdrang, die wissenschaffliche Neugier. Aristoteles unterschied sorgfältig zwischen der Wißbegierde, die sich auf geringe Ziele richte, und dem Wissensdrang, der zum vollkommenen Glück führe. Das Streben nach Wissen galt ihm als universales Menschenrecht und hohes Gut. Cicero sprach lobend von der Wißbegierde in bezug auf die Naturerkenntnis, die dem Menschen «unerschöpfliche Lust» verschaffe. Und für den philosophischen Denker forderte Friedrich Nietzsche gar die «rücksichtslose Neugierde».

Behutsamer formulierte hingegen Samuel Taylor Coleridge sein positives Urteil über den Erkenntnisdrang. In seinen *Notebooks* aus den Jahren 1814–1818 hielt er fest: «Jener war der erste Wissenschaftler, der sich in eine Sache vertiefte, nicht um zu erfahren, ob sie ihn mit Nahrung oder Schutz oder Waffen oder Werkzeugen oder Schmuck oder mit etwas zum Spielen versorgte, sondern den es nach Wissen dürstete, um nichts als des *Wissens* willen.»

Sicher scheint jedenfalls zu sein, daß neugierige Aufmerksamkeit zumindest in zwei Bereichen absolut lebensnotwendig ist: als Sicherung von Nahrungsquellen und als Vorsichtsmaßnahme gegen Bedrohung. Diese witternde Sicherung ist aber nicht nur für das pure Überleben notwendig, sondern bezieht eine Fülle anderer Bereiche mit ein: Ohne neugierige Fragen ist keine Philosophie denkbar, ohne Forschung keine Technik, ohne Experimente gibt es keine Wissenschaft, keine Zivilisation und ohne neugierigen Versuch und gewagte Grenzüberschreitung keine Kunst, keine Kultur.

Aber auch im zwischenmenschlichen Bereich ist Neugier, so lästig sie oft fallen mag, unverzichtbar. Nur durch Neugier – die meist mit euphemistischen Begriffen wie «Interesse» oder «persönliche Anteilnahme» beschrieben wird – erfährt jeder etwas über den anderen. Er sieht und hört, wie der andere sich verhält, kann sich mit ihm vergleichen und Unterschiede oder Gemeinsamkeiten feststellen. In solchen Vergleichen lernt er seine eigene Persönlichkeit kennen. Und das bedeutet nicht weniger als: Neugier macht Individualität erlebbar. Gleichzeitig erlaubt das allmähliche Kennenlernen der eigenen wie der fremden Persönlichkeit eine zunehmende Fähigkeit zu Verständnis und Einfühlung – oder aber es entwickelt sich, wie beim boshaften Klatsch, zur tückischen Waffe.

Mit seiner Hör- und Schaulust geht der Mensch auf vielfältige Weise um. Er kann mit dem Reiz der Neugier spielen, indem er Enthüllungen verspricht, und er kann die allgemeine Neugier ausbeuten, indem er Klatsch und Gerüchte schürt. Er kann die eigene Neugier verbergen, zugeben oder mit allerlei Argumenten rechtfertigen, wie das folgende Beispiel zeigt: Ein Mann bricht auf der Straße zusammen; einige Passanten gehen zögernd weiter, andere bleiben stehen und gaffen, ohne etwas zu unternehmen. Eine Frau und ein Mann entscheiden sich schließlich für Hilfe, laufen zu einer Telefonzelle, um einen Notarzt herbeizuholen. Innerhalb von wenigen Minuten bildet sich eine Traube von Menschen, die völlig ungeniert einen Blick auf den hilflosen Mann werfen wollen und sich von diesem Anblick offenbar nicht trennen können.

Sicher ist bei dem geschilderten Ereignis der Nervenkitzel, etwas Ungewöhnliches, Aufregendes sehen zu können, das vorherrschende Motiv für die gaffende Menge, die eine Situation erlebt, die das Gleichmaß des Alltäglichen für kurze Zeit unterbricht. Auch der Geltungsdrang, das «erhebende» Gefühl, Zeuge bei einem seltenen «Schauspiel» zu sein und später darüber ausführlich berichten zu können, spielt sicherlich eine große Rolle.

Menschliche Neugier, getarnt oder unverhohlen, karitativ überhöht oder sachlich gerechtfertigt, scheint keine Grenzen zu kennen. Aber das individuelle Eigeninteresse, das Wert auf Privatheit und Diskretion legt, versucht ihr Grenzen zu setzen. Aus dem eigenen Bereich zumindest will man die fremde Neugier fernhalten, den fremden Bereich möchte man allerdings nicht von der eigenen Neugier verschonen. Wissenschaftliches Erkenntnisstreben kann meistens gute Argumente für sachdienliche Neugier geltend machen. Schwieriger ist es hingegen für die Medien, die Grenzen zwischen legaler Neugier und verletzender Zudringlichkeit immer einzuhalten oder aber für die letztere wenigstens stichhaltige Argumente zu finden.

# *Männer und Klatsch*

> Männer können sich stundenlang über ein Thema unterhalten. Frauen benötigen dazu kein Thema.
>
> *Curt Goetz*

Nach wie vor werden eher Frauen als Männer mit Klatsch und Tratsch in Verbindung gebracht, obwohl es reichlich Beispiele dafür gibt, daß Klatschlust auch unter Männern herrscht. «Wir sprechen zwar von Klatschbasen und tun so, als sei das Klatschen eine besondere Leidenschaft der Frauen», stellt Alexander Mitscherlich in der *Kurzen Apologie des Klatsches* kritisch fest. Doch: «Wer Ohren hat zu hören, wird das als männliche Projektion erkennen.»

Der Beweis dafür, daß auch viele Männer eine ausgeprägte Klatschlust haben (die sie allerdings häufig unter Decknamen wie «Informationsbedarf», «gründliche Offenlegung» kaschieren), ist leicht anzutreten. Fast zweitausend Jahre lang war Klatsch eine Domäne der Männer – zumindest auf dem Gebiet der schriftlichen Verbreitung. Ein Blick in die Literatur des Altertums enthüllt, daß schreibkundige Männer schon seit frühesten Zeiten neben rein sachlichen Informationen auch sehr viel Klatschhaltiges zur Sprache brachten.

Sei es aus schlechtem Gewissen wegen der eigenen Schwatzhaftigkeit, sei es aus Überheblichkeit gegenüber

Frauen, schoben sogar Männer, die selbst reichlich Klatsch verbreiteten, gern der Frau den Makel der Tratschsucht zu. «Sie weiß die neuesten Nachrichten aus aller Welt, was sich in China und auf dem Balkan abspielt», spottet der römische Satiriker Juvenal. «Sie weiß um das heimliche Verhältnis von Stiefmutter und Stiefsohn, wer eine Liebschaft hat, um welchen Ehebrecher man sich reißt; sie wird dir sagen, wer eine Ledige geschwängert hat und in welchem Monat; welche Worte, welche Stellungen jede einzelne beim Liebesakt einnimmt... Schon an den Stadttoren fängt sie Klatsch und die neuesten Gerüchte auf (einige erfindet sie selbst)...»

Viel genauer hätte man die klatschfreudigen Historiker und Philosophen seiner Zeit auch nicht kennzeichnen können, als es Juvenal hier in bezug auf Frauen tut. Aber als Satiriker nahm sich Juvenal dichterische Freiheiten heraus, und die Zuhörer mußten sich ihren eigenen Reim auf die Richtigkeit seiner Angaben machen. Daß dies zu Lasten der Frauen ging, war in einer männlich beherrschten Gesellschaft kein Wunder.

Juvenal, wahrscheinlich 55 n. Chr. geboren, fühlte sich, wie er selber sagte, zu Satiren über seine Zeitgenossen gedrängt, «weil bei solcher Verwilderung der Sitten sich der Unwille nur schwer zurückhalten läßt». Man könne ja kaum anders, als satirisch zu reagieren, wenn man zum Beispiel emporgekommene Exsklaven wie den Crispin sehe, der mit dem ihm ungewohnten Purpurgewand nicht umgehen könne und es ständig mit der Schulter zurückwerfe, und der außerdem im Sommer, statt der üblichen schweren Ringe, nur ganz leichte an seinen verschwitzten Fingern trage. Oder wenn man an Maecenas denke, der unausstehlich eitel und gefallsüchtig sei und lächerlich viel Wert auf schöne Kleidung lege.

Offensichtlich hatte Juvenal selbst viel Spaß am Klatsch, sonst hätte er derlei nebensächliche Dinge kaum wahrgenommen, geschweige denn sie kritisch vermerkt. Er scheue nicht davor zurück, jeden beim Namen zu nennen, betonte der Satiriker trotzig, und das tat er auch. Diese Offenheit wurde ihm allerdings einmal zum Verhängnis. Er schrieb nämlich auch eine Satire auf den damals berühmten Schauspieler Paris, der ein Günstling von Kaiser Domitian war und sogar militärische Ränge verleihen durfte. Aber eines Tages beging Paris leichtsinnigerweise Ehebruch mit der Gattin des Kaisers, die daraufhin von Domitian verstoßen wurde; der Schauspieler Paris wurde zur Strafe auf offener Straße getötet.

Daß Juvenal diesen Mann in einer Satire überhaupt erwähnte und überdies beschrieb, welche hohe Stellung Paris innegehabt hatte, erboste den Kaiser so sehr, daß er Juvenal – unter dem Vorwand einer Ehrenstelle als Kriegsbefehlshaber – an die äußerste Grenze des Römischen Reichs verbannte.

Es verwundert nicht, daß Satiriker und Komödiendichter sich besonders gern und oft mit Klatsch beschäftigten. Daß ein Stadtpräfekt von einem Sklaven ermordet wurde, weil beide denselben Knaben liebten; daß der Dichter Catull in Versform über seine Liebschaften berichtete und dabei auch den Namen des Freundes nannte, der ihm sein Haus für diese Zwecke zur Verfügung stellte; daß der Historiker Sallust sich Prügel und Klatsch gefallen lassen mußte, weil er sich mit einer verheirateten Frau eingelassen hatte; daß Kaiser Nero einen jungen Freund entmannen ließ, ihn in aller Form ehelichte, ihm den Namen seiner verstorbenen Gattin Sabina gab und ihn, wie vorher diese, in einer Sänfte hinter sich hertragen ließ – all das ist von Männern berichtet, oft übertrieben, gelegentlich auch erfunden, aufgezeichnet und beklatscht worden. Frauen hatten dabei bestenfalls das Vergnügen des Zuhörens.

Aber nicht nur Komödiendichter und Satiriker, sondern auch Historiker und Philosophen bedienten sich ungeniert des reichhaltigen Klatschmaterials, das sich in ihrer unmittelbaren Umgebung fand oder das sie vom bloßen Hörensagen kannten. Um sich dabei nicht dem Vorwurf der Oberflächlichkeit, Subjektivität oder Unwissenschaftlichkeit auszusetzen, verwendeten die Autoren für ihr Interesse am Privatleben bekannter und bedeutender Männer oft Rechtfertigungsargumente, die durchaus überzeugend klangen. So erläutert beispielsweise Plutarch in der Einleitung zu seiner Lebensbeschreibung Alexanders des Großen, warum er bei seiner biografischen Arbeit auch auf ganz private Details nicht verzichten könne: «Ich gebe Biografie, keine Geschichte, und Tugend oder Laster eines Menschen leuchten nicht immer aus den berühmtesten Taten; vielmehr verraten eine unbedeutende Handlung, eine Rede oder ein Scherz den Charakter des Menschen oft deutlicher als blutige Schlachten, gewaltige Kriegsrüstungen und Belagerungen. Wie der Künstler die Ähnlichkeit aus dem Gesicht und den Zügen um die Augen, in denen sich der Charakter darstellt, zu gewinnen sucht und um die übrigen Teile des Körpers sich wenig kümmert, so muß es auch mir erlaubt sein, mehr die seelischen Merkmale aufzusuchen und nach diesen das Leben eines Menschen zu schildern, die

Beschreibung der Heldentaten und Schlachten aber anderen zu überlassen...»

Bei dieser Zielsetzung kann es kaum ausbleiben, daß auch Mutmaßungen und Andeutungen, Klatsch und Gerücht in biografische Schriften Eingang finden. Gemessen an anderen Historikern, war Plutarch allerdings in Hinblick auf klatschhafte Mitteilungen noch recht zurückhaltend. Die römischen Schriftsteller Sallust, Tacitus und Sueton griffen in ihren geschichtlichen Werken ganz bewußt auch auf pikante Einzelheiten aus dem Privatleben der von ihnen beschriebenen Personen zurück, um ihre sachlichen Schilderungen anschaulicher zu machen. Vor allem das Sexualleben war Gegenstand ausführlicher Betrachtung. «Unendlicher Klatsch dieser Art heftete sich natürlich an die Person der Kaiser», schrieb der deutsche Historiker Wilhelm Kroll 1930 in einem Aufsatz über römische Erotik, «und namentlich der Biograph Sueton hat mehr davon aufbewahrt, als uns lieb ist.»

Sueton, etwa 70 n. Chr. geboren, ist besonders durch seine Biografien römischer Kaiser bekannt geworden. Von ihm hören wir beispielsweise, daß Caesar, der mächtige Imperator, ziemlich oft ohnmächtig geworden sei; er habe meist unruhig geschlafen und bei öffentlichen Auftritten mehrmals epileptische Anfälle erlitten. Das ist gewiß kein Klatschbericht, wohl aber, wenn Sueton vom Hörensagen weitererzählt, Caesar habe sich nicht nur Haare und Bart scheren, sondern aus Eitelkeit alle übrigen Körperhaare entfernen lassen. Hierbei wurden die Haare einzeln ausgezupft, danach behandelte man die betreffenden Stellen mit Bimsstein oder Pech, Harz und Salben. Eine Klatschinformation ist sicherlich auch, daß Caesar, um seine Halbglatze nicht zum Gegenstand von Witzen werden zu lassen, die Haare vom Hinterkopf nach vorn kämmte und am liebsten einen Lorbeerkranz trug.

Ein bevorzugtes Klatschthema war bei Sueton auch das Sexualleben Caesars. Hier konnte der Autor offenbar der Versuchung nicht widerstehen, auch ungesicherte Informationen weiterzugeben. «Allgemein herrscht die Ansicht», schrieb Sueton, «daß Caesar sehr sinnlich veranlagt war und für seine Leidenschaft viel Geld verschwendet hat. Er soll auch zahlreiche vornehme Frauen verführt haben, darunter Postumia, die Gattin des Servius Sulpicius, Lollia des Aulus Gabinius, Tertula des Marcus Crassus, sogar Mucia, die Frau des Gnaeus Pompeius.» Nicht einmal in den Provinzen seien die Ehefrauen vor ihm sicher gewesen. Und auch mit Königinnen habe Caesar Liebesverhältnisse gehabt, zum Beispiel mit der Gattin des Maurenkönigs Bogud, vor allem aber mit der ägyptischen Königin Kleopatra, die er mit Geschenken überhäuft habe.

Schädlicher für Caesars Ruf sei es aber gewesen, daß er sich auch mit vielen Männern eingelassen habe. Die Vorwürfe, die dem Imperator dafür gemacht wurden, wollte Sueton zwar eigentlich übergehen, wie er zunächst beteuert; dann zitiert er sie aber doch recht ausführlich. Von einem Senator sei Caesar einmal als «Matratze des königlichen Bettes» geschmäht worden – eine Anspielung darauf, daß Caesar mit Nikomedes, dem König von Bithynien, ein Liebesverhältnis unterhalte; ein anderer Senator habe Caesar einmal sogar öffentlich als «Königin von Bithynien» bezeichnet. Und nach dem gallischen Sieg hätten selbst die Soldaten hinter dem Triumphwagen hergespottet: «Seht! Der Caesar triumphiert jetzt, dem ganz Gallien unterlag. Nikomedes aber triumphiert nicht, dem doch Caesar unterlag.»

Aber Suetons Lebensbeschreibungen, die sich oft an der Sexualität der Großen seiner Zeit weideten, stießen auch auf Widerstand. In diesen Zusammenhang gehört beispielsweise Lessings berühmte Schrift *Rettungen des Horaz*. Darin verteidigt Lessing den römischen Lyriker gegen den Vorwurf der Wollust – «oder wie sich ein neuer Schriftsteller ausdrückt, der aber der feinste nicht ist, seiner stinkenden Geilheit und unmäßigen Unzucht». In einer Lebensbeschreibung des Horaz, die Sueton zugeschrieben wird, findet sich neben zahlreichen lobenden Äußerungen eine Stelle, die darauf hinweist, daß Horaz «in der Liebe unmäßig gewesen sein soll». «Traditur» (es wird überliefert) heißt es dort. Er habe nämlich sein Schlafzimmer mit Spiegeln behängen lassen («dicitur», so wird gesagt), um sich beim Geschlechtsverkehr überall sehen zu können.

«Er sagt traditur, dicitur», schreibt Lessing zu diesem Sueton-Text. «Zwei schöne Wörter, welchen schon mancher ehrliche Mann den Verlust seines guten Namens zu danken hat! Also ist nur die Rede so gegangen? Also hat man es nur gesagt? Wahrhaftig, mein lieber Sueton, so bin ich sehr übel auf dich zu sprechen, daß du solche Nichtswürdigkeiten nachplauderst. In den hundert und mehr Jahren, die du nach ihm gelebt, hat vieles können erdacht werden, welches ein Geschichtsschreiber wie du hätte untersuchen, nicht aber ununtersucht fortpflanzen sollen…»

Mit gründlicher Geschichtskenntnis und philologischer

Akribie untersucht nun Lessing selbst, ob diese Klatschgeschichte wahr sein könne oder nicht. Das Thema interessiert ihn offenbar hinreichend, um ihn zu einem sehr ausführlichen Aufsatz zu animieren, in dem jedes einzelne Wort des Zitats für sich und im Textzusammenhang beleuchtet wird. Energisch bemüht sich Lessing um den Nachweis, daß die zitierte Stelle entweder gar nicht Horaz, sondern einen Mann mit ähnlich klingendem Namen betreffe oder aber eine böswillige Fälschung sei. «Je mehr ich diese Worte ansehe», meint Lessing, «je mehr verlieren sie in meinen Augen von ihrer Glaubwürdigkeit. Ich finde sie abgeschmackt, ich finde sie unrömisch, ich finde, daß sie andern Stellen in dieser Lebensbeschreibung offenbar widersprechen.»

Trotz des scharfsinnigen und oft witzigen Geistesaufwands, den Lessing auf vielen Textseiten betreibt, um Horaz zu «retten», dürfte es ihm kaum gelungen sein, alle Leser gänzlich davon zu überzeugen, daß das Spiegelgerücht nur ein Gerücht sei. Auch als bloßes Gerücht ist es zu interessant, um nicht weitergegeben zu werden – sogar mit dem entschuldigenden Hinweis, selbst Lessing habe sich damit ausführlich auseinandergesetzt.

Schon im Altertum war das Thema Sexualität ein bevorzugter Klatschgegenstand von Männern, die man eigentlich über Tratsch erhaben wähnte. Cicero zum Beispiel, als Redner berühmt, wandte seine rhetorischen Künste nicht immer nur staatsmännischen Geschäften zu, sondern liebte allem Anschein nach auch den verbalen Schlag unter die Gürtellinie des politischen Gegners. In seinen zahlreichen Briefen läßt er sich auffallend häufig über die sexuellen Abenteuer von Bekannten aus, und in einigen politischen Reden ist er schnell mit dem schwer zu widerlegenden Vorwurf bei der Hand, ein bestimmter Gegner sei moralisch nicht zu akzeptieren, weil er sich schon als Junge gegen Geld an Männer verkauft habe.

Nicht nur in der Antike demonstrierten Männer ihre Klatschlust. Zum heiteren oder auch boshaften Tratsch haben überall und zu jeder Zeit die Herren der Schöpfung nach besten Kräften beigetragen.

Eher heiter muten die privaten Notizen an, die der englische Marinesekretär Samuel Pepys im 17. Jahrhundert seinem *Geheimen Tagebuch* anvertraute. Bis in banalste Einzelheiten beschrieb er den Alltag seiner bürgerlichen Umgebung und gab damit zugleich das Selbstporträt eines typischen Emporkömmlings, der sich gesellschaftlich und politisch einflußreichen Leuten anschloß. Ganz besonders genoß es Pepys, an gesellschaftlichem Klatsch teilzunehmen. Über einen Spaziergang mit seiner Frau im Garten von Whitehall, im Londoner Regierungsviertel, notierte er: «...und sahen im inneren Garten die schönsten Kleider und Leinenröcke von Lady Castlemaine, die ich je gesehen hatte, unten mit kostbarer Spitze eingefaßt, und es tat mir gut, sie anzusehen.» Lady Castlemaine, die Gattin des Grafen von Castlemaine, war eine politisch einflußreiche Mätresse Karls II. und eine gefeierte Schönheit. Von einem schwatzhaften Hausmädchen erfuhr Pepys dann, «der König habe die letzte Woche jeden Mittag und Abend bei Lady Castlemaine gespeist, und in der Nacht, als die Freudenfeuer zur Feier der Ankunft der Königin angezündet wurden, sei er dort gewesen, aber an ihrer Tür war kein Feuer, wenn auch an fast allen übrigen in der Straße, wovon viel Notiz genommen wurde; und der König und sie hätten eine Waage kommen lassen und einander gewogen, und da sie schwanger ist, soll sie schwerer gewesen sein…»

Während man vermuten darf, daß es bei Samuel Pepys die streng puritanische Erziehung war, die ihn zu täglichen Rechenschaftsberichten drängte und dabei auch allerlei Hemmungen und Verklemmungen zum Ausdruck brachte, verfolgten dagegen die französischen Literaten-Brüder Edmond und Jules de Goncourt im 19. Jahrhundert mit ihren offenherzigen Tagebüchern ganz ungehemmt das Ziel, «den historischen Menschen in seiner intimen Wahrheit» darzustellen. «Jeder Wesenszug, dessen Zeuge sie wurden oder der ihnen mitgeteilt wurde, schien ihnen, sofern er nur als ein Beitrag zur Wahrheit über ihre Zeit und ihre Zeitgenossen in Frage kommen konnte, wert, notiert zu werden», heißt es in einem Bericht der Académie Goncourt, die nach dem Tod der beiden Brüder gegründet wurde. «Denn sie meinten, daß das enorme Gewimmel kleiner wahrer Tatsachen, Berichte, Geständnisse, das jeder Tag mit sich zu bringen pflegt, den Historikern und Moralisten der Zukunft dienlich sein werde.»

Die Aufzeichnungen waren in der Tat so detailliert und ungeschminkt, daß die Brüder Goncourt vorsichtshalber testamentarisch verfügten, eine ungekürzte Veröffentlichung dürfe erst zwanzig Jahre nach ihrem Tod erfolgen; denn einige Auszüge, die probeweise publiziert worden waren, hatten bereits heftige Proteste bei den Betroffenen ausgelöst. Später wurde die Publikationsfrist von zwanzig auf sechzig Jahre verlängert, um allen juristischen Konflikten mit hinterbliebenen Klatschopfern aus dem Weg zu gehen.

«Beim Dîner Plauderei über Dumas», heißt es in der Tagebuchaufzeichnung vom 31. Januar 1858, über Alexandre Dumas fils, den Autor der *Kameliendame*. «Alle Literaten stimmen darin überein, daß das mit Literatur nichts zu tun hat. Dann reden wir über den Menschen Dumas ... Dumas ist der vorsichtigste von der ganzen Welt, keinerlei Leidenschaft, vögelt nur ganz regelmäßig, liebt nicht, weil es das Blut in Wallung und die Zeit durcheinanderbringt, will nicht heiraten, weil es zeitraubend ist, sein Gefühlsleben ist so geregelt wie ein Uhrwerk, sein Leben wie ein Notenblatt.» Noch präziser ist die Schilderung, die vom Liebesleben des alten Fürsten Demidoff gegeben wird, dem ein Lakai mit einer feuervergoldeten Zuckerzange die lüstern heraushängende Zunge immer wieder in den Mund zurückschieben muß. Und am 3. August 1876 lautet ein Eintrag: «Die Prinzessin sagte heute abend: ‹Morgen darf ich mein Riechfläschchen nicht vergessen – wegen der Füße meines Pfarrers.› Sie hat solche Aussprüche voll schöner Unverschämtheit, die ganz achtzehntes Jahrhundert sind.»

Edmond und Jules de Goncourt hatten ihre Tagebuchnotizen am 2. Dezember 1851 begonnen, um mit den genauen Aufzeichnungen von Gesprächen und Alltagsbegebenheiten sich und ihre Zeitgenossen für die Nachwelt lebendig zu erhalten. Dabei beschränkten sie sich nicht auf ihre eigene Gesellschaftsschicht, das wohlhabende Bürgertum und einen Kreis von Schriftstellern und Künstlern, sondern hielten auch zahllose kleine Szenen fest, deren Zeuge sie in anderen Milieus wurden – dies allerdings meist mit Abscheu und Ekel. Denn als gutsituierte Grundbesitzer verachteten sie «das Volk», wie sie auch die Juden verachteten, was sie allerdings nicht daran hinderte, im Salon des Baron Rothschild aus- und einzugehen und die Tafelfreuden im Hause der Marquise de Paiva zu genießen.

Besonders Frauen gegenüber zeigten beide Brüder eine fast krankhafte Gefühlsarmut. Sie nahmen sich, was sie zu brauchen glaubten, beschrieben, was sie mit den Frauen erlebten, und ließen sie wieder fallen, wenn sie sich mit ihnen langweilten. Gelegentlich teilten sie sich auch eine Frau, wenn beide gleichzeitig an ihr Gefallen fanden und die Frau dazu bereit war. «Eine Geliebte zu zweit, die in unserem Bett mehr Platz einnimmt als in unserem Leben», lautet eine kühle Notiz vom 9. April 1864.

Mögen auch die Brüder Goncourt in ihrer elitären Dandyhaftigkeit menschlich fragwürdig gewesen sein, so sind ihre Tagebücher als kulturgeschichtliche Information von größtem Interesse. Gegen den Vorwurf der Indiskretion verteidigten sie sich mit dem Argument, daß alle auch nur einigermaßen interessanten Memoiren von Indiskreten geschrieben worden seien. «Es gibt nur *eine* Biografie», hatte Edmond de Goncourt einmal formuliert, «die gesprochene Biografie, jene, die die Freiheit, die Unmittelbarkeit, den Klatsch, die ehrliche Begeisterung des intimen Gesprächs hat. Diese Biografie haben wir mit dem Tagebuch von unseren Zeitgenossen zu geben versucht.»

Selbst wenn männliche Klatschfreunde wie Juvenal, Sallust, Lukian, Pepys oder die Brüder Goncourt versucht haben, den Frauen allzu große Klatschlust anzulasten, wurde dieser Vorwurf kaum durch handfeste Beweise gestützt. Manches Gerücht erwies sich sogar als männliches Phantasieprodukt. Lukian mit seinen *Hetärengesprächen*,

Aretino mit seinen frivolen *Kurtisanengesprächen* – beide Autoren haben zwar die Sprache des horizontalen Gewerbes studiert und mögen mit ihren Mutmaßungen, wie Gunstgewerblerinnen miteinander tratschen, nahe an der Wahrheit liegen. Aber der Klatsch darüber wurde von den Männern selbst verbreitet, und die Mutmaßungen sind männlicher Art und zu männlichem Voyeursvergnügen erdacht.

# *Der Vater des Klatschjournalismus: Pietro Aretino*

> Er ist ein Phänomen der Unsittlichkeit,
> wie es in keinem Volk zu irgendeiner
> Zeit gesehen ward.
>
> *Ferdinand Gregorovius*

«Mein Bild ist über dem Eingang der Paläste zu sehen. Mein Kopf ist auf Kannen, auf Tellern, auf Spiegelrahmen abgebildet, wie die Köpfe Alexanders, Cäsars, Scipios. Manche Kristallgläser, die in Murano fabriziert werden, nennt man aretinische Vasen. Eine Pferderasse hat den Namen bekommen, weil mir Papst Clemens VII. ein solches Pferd geschenkt hat und ich es an den Herzog Federico weiterverschenkt habe. Das Wasser, das einen Teil meines Hauses umspült, nennt man das aretinische. Meine Frauen wollen Aretinerinnen genannt werden. Man spricht sogar von einem aretinischen Stil. Die Pedanten können vor Wut sterben, ehe sie zu solcher Ehre gelangen!»

Der Mann, der so genußvoll von seinem eigenen Ruhm sprach, übertrieb nicht. Denn Pietro Aretino, den seine Bewunderer den «Göttlichen» nannten, war die am meisten umworbene Person seiner Zeit, der italienischen Renaissance. Aretino war ein geistvoller, einfallsreicher und kunstverständiger Mann, auf dessen Meinung selbst ein so berühmter Maler wie Tizian großen Wert legte. Aretinos

Einfühlungsgabe und Formulierungskunst wurden allgemein bewundert, und nicht nur Künstler und Schriftsteller, sondern auch höchste geistliche und weltliche Würdenträger suchten seine Gesellschaft.

Aber Wortgewandtheit und lebhafte Vorstellungskraft allein hätten kaum ausgereicht, um dem Schusterssohn aus der toskanischen Provinz ein fürstliches Leben in Rom und Venedig zu ermöglichen. Der gewitzte Aretino hatte eine Einnahmequelle entdeckt, die bis dahin noch niemand so systematisch für seine privaten Zwecke genutzt hatte: die öffentliche Meinung. Pietro Aretino wurde mit Hilfe der gerade erfundenen Druckerkunst der erste in ganz Europa berühmte und gefürchtete Journalist.

Er lebte von dem, was er über andere Leute wußte, und zögerte nicht, dieses Wissen preiszugeben, wenn es ihm nützlich schien. Innerhalb weniger Jahre wurde er zum gefürchteten Sittenrichter der abendländischen Welt, obwohl er selbst alles andere als ein moralisches Vorbild war. Er prangerte Heuchelei, Bestechung und Vetternwirtschaft in der Kirche wie an Fürstenhöfen an, schrieb Satiren und Sonette über das Privatleben von Kardinälen und Adeligen, ließ seine Enthüllungen gedruckt in Umlauf setzen und nahm, artig dankend, Gold und kostbare Geschenke entgegen, mit denen die Beschämten sein künftiges Schweigen zu erkaufen suchten. Man wußte, daß Aretinos offene Sprache sehr unangenehme Folgen haben konnte, weil sie weiteste Kreise erreichte. Denn er benutzte nicht das Latein der Gebildeten, sondern ein deftiges Toskanisch, das allgemein verstanden wurde. Daß diese Breitenwirkung auch entsprechend honoriert werden mußte, stand für ihn außer Frage: «Man darf mir nicht vorwerfen, daß ich in Brokat gehe, aus goldenem Becher trinke, mit Edelsteinen und goldenen Ketten geschmückt bin», schrieb er in einem Brief an einen Freund, «denn ich bin der Erlöser für den ganzen Literatenstand, den ich mit starken Armen aus der Knechtschaft der Höfe befreit habe.»

So selbstbewußt sah Aretino seine Rolle als kritischer Autor. Seine indiskreten Veröffentlichungen glaubte er sich leisten zu können, weil er sich selbst, im Gegensatz zu seinen bloßgestellten Opfern, kein Tugendmäntelchen umhängte, sondern sein eigenes frivoles Privatleben vor niemandem verbarg. In Rom munkelte man beispielsweise, daß Aretinos Schlafzimmer nicht nur zahllosen jungen Frauen, sondern auch jungen Männern offenstand. Aretino widerlegte solche Spekulationen nicht, sondern lachte nur darüber und fuhr fort, die Sittenlosigkeit der angeblich Sittenstrengen in Komödien und Spottversen aufzudecken.

Aretino hatte früh begriffen, daß die Preisgabe von Details aus dem Privatleben bekannter Persönlichkeiten nicht nur dazu diente, einen oberflächlichen Lacherfolg beim neugierigen Publikum einzuheimsen, sondern daß die Kenntnis intimer Einzelheiten auch ganz reale Macht bedeuten konnte. Diese Einsicht ließ er sich üppig honorieren. Ein Mann, der nicht nur unterhaltsam zu erzählen und geistreich zu formulieren verstand, sondern auch wohlgehütete Geheimnisse kannte, die er preiszugeben bereit war, wenn er darin einen eigenen Vorteil sah, war ebenso verhaßt wie begehrt und konnte sich fast jede Freiheit herausnehmen. Kein Wunder also, daß Aretino von den Mächtigen seiner Zeit umbuhlt wurde. Die Päpste

Leo X. und Clemens VII. bedienten sich seiner ebenso wie Kaiser Karl V. oder der französische König Franz I. Sie alle zollten ihm bereitwillig Tribut für indiskrete Informationen, die er in ihrem Interesse entweder verbreitete oder unterdrückte.

Sein Ruf als Verfasser von enthüllenden Pamphleten, bissigen Spottgedichten und gesellschaftskritischen Komödien reichte weit über Italien hinaus, denn seine offenherzigen Berichte ließ der erste Skandaljournalist der Renaissance in ganz Europa zirkulieren. So konnte jeder des Lesens Kundige schwarz auf weiß erfahren, welcher Kardinal in den Freudenhäusern von Rom oder Florenz ein häufig gesehener Gast war, welcher hochangesehene Bischof sich in betrügerische Geldgeschäfte verwickelt hatte und welcher Herzog seine Frau mit einem hübschen Knaben betrog. «Die Geißel der Fürsten» und den «göttlichen Pietro» nannte man Aretino respektvoll, aber auch «Hurensohn», «Ketzer», «Lüstling», «Antichrist». In Gegenwart von Damen dürfe kein wohlerzogener Mann den Namen Pietro Aretino erwähnen, schrieb ein indignierter Kritiker über den freimütigen Verfasser der *Kurtisanengespräche* und der *Wollüstigen Sonette.* Und nur mit knapper Not entkam Aretino in Rom einem Mordanschlag, den ein von ihm bloßgestellter Bischof gegen ihn geplant hatte.

Vielfarbig wie sein schillernder Charakter ist auch die Biografie des umstrittenen Enthüllungskünstlers Pietro Aretino. Geboren wurde er am 20. April 1492, also in dem Jahr, das nach historischem Verständnis den Übergang vom Mittelalter zur Neuzeit markiert. Ob sein Vater tatsächlich ein Adeliger gewesen ist, wie Pietro gern behauptete, oder ob, wie seriöse Quellen wissen wollen, ein Schuster namens Luca sein Erzeuger war, ist nicht sicher. Als gewiß kann aber gelten, daß Pietros Mutter Tita eine sehr schöne Frau war, die einem Bildhauer für die Madonna in der Kirche Sant' Agostino in Arezzo Modell stand. Nach seiner Geburtsstadt Arezzo, die auch Berühmtheiten wie den Kunstförderer Maecenas, den Dichter Petrarca und den Maler und Kunsthistoriker Vasari hervorgebracht hatte, gab sich Pietro den Nachnamen: Aretino.

Noch mehr Spekulationen als über seine Herkunft gibt es über Aretinos Jugend. Er sei Straßensänger in Vicenza gewesen, hieß es, danach Stallknecht in Bologna, sei zeitweise als Bettelmönch umhergezogen und dann Gehilfe eines jüdischen Geldverleihers geworden, habe als Henkersknecht gearbeitet und als Steuereinnehmer, gelegentlich auch als Lustknabe reicher Männer sein Geld verdient und eine Buchbinderlehre in Ravenna oder Perugia absolviert. Tatsächlich nachzuweisen ist, daß Aretino mit zwanzig Jahren ein erstes Büchlein mit Gedichten herausbrachte, das unter dem Titel *Neue Werke des höchst fruchtbaren jungen Malers Pietro Aretino* in Venedig erschien. Es wurde allerdings kein Verkaufserfolg, denn Aretino hielt sich an keine der üblichen literarischen Regeln. Zu seiner Rechtfertigung meinte er: «Ich bin nur so lange zur Schule gegangen, bis ich das Kreuzzeichen gelernt hatte. Wenn ich also schlecht komponiere, ist das bei mir zu entschuldigen – nicht aber bei jenen, die die Kunst der Griechen und Lateiner destillieren.»

Mit fünfundzwanzig Jahren ging Aretino nach Rom, um im Hause des Mäzens Agostino Chigi, eines reichen Bankiers aus Siena, sein Glück zu versuchen. In der prächtigen Villa Farnesina, wo Chigi seine berühmten Gastmähler für Papst Leo X., für Kardinäle, Kurtisanen und Künstler gab, machte sich der kunst- und literaturbeflissene junge Mann sehr bald durch frechen Witz und phantasievolle Einfälle, aber mindestens ebenso durch überschwengliche Lobeshymnen auf seinen großzügigen Gönner beliebt. In einer Umgebung, in der es als selbstverständlich galt, sich den Launen der Mächtigen anzupassen, lernte Aretino die Technik der Schmeichelei souverän zu handhaben, behielt dabei aber Selbstkritik genug, sein eigenes Verhalten und das der anderen in satirischen Versen lächerlich zu machen.

Eine klatschgesättigte Satire war es auch, mit der Aretino auf die nächste Stufe seiner schriftstellerischen Karriere gelangte. Im Juni 1516 starb das Lieblingstier des Papstes, ein Elefant, den Leo X. vom portugiesischen König geschenkt bekommen hatte. Um den Papst über diesen Verlust hinwegzutrösten, schrieb Aretino einen witzigen Prosatext, in dem unterstellt wird, der Elefant habe ein Testament hinterlassen.

*Das Testament des Elefanten* war eine Hinterlassenschaft besonderer Art: Der Text enthielt eine präzise, teils recht drastische Beschreibung aller Laster, die das Volk von Rom den kirchlichen Würdenträgern zuschrieb. Das Sündenregister der Kardinäle scheint den Papst so amüsiert zu haben, daß er den Bankier Chigi bat, ihm Pietro zur Unterhaltung des päpstlichen Hofes zu überlassen. Ob Aretino tatsächlich alleiniger Autor des *Testaments* war, wurde nie eindeutig geklärt; auch ist nicht völlig sicher, ob er ausschließlich auf päpstlichen Wunsch von

Chigi fortging oder ob er, wie böse Zungen behaupten, fortgejagt wurde, weil er seinem Mäzen eine Silbertasse gestohlen hatte. Der lebensfrohe Papst war jedenfalls nun der neue Gönner des wortgewandten Aretiners.

Wie Agostino Chigi galt auch Leo X. als großzügiger Freund von Malern und Poeten. Aber anders als der geschäftstüchtige Bankier verstand es der Medici-Papst nicht, das große Vermögen, das ihm sein Vorgänger Julius II. hinterlassen hatte, zu halten oder gar zu vermehren. «Laßt uns das Papsttum genießen, da Gott es uns verliehen hat», hatte er bei seinem Amtsantritt gesagt und sich an diesen Vorsatz auch gehalten. Zeitgenossen beschrieben ihn als einen gutmütigen, friedfertigen Mann, der gern üppigen Mahlzeiten zusprach und sein Geld mit vollen Händen unter die Künstler und Literaten verteilte, die ihn täglich umlagerten.

Im literarischen Hofstaat des Papstes nahm Aretino sehr bald eine bedeutsame Stellung ein. Obwohl er kein gebildeter Mann war und anfänglich von Schriftstellern, die Latein und Griechisch beherrschten, eher mit Verachtung behandelt wurde, gelang es seinem satirischen Talent überraschend schnell, sich gegen die «Pedanten», wie er seine literarischen Gegner nannte, durchzusetzen. In kürzester Zeit erkannten diese, daß man sich mit dem unverschämt selbstbewußten Aretino gutstellen mußte, wenn man in Rom Erfolg haben wollte.

In einem Schäferspiel, das an Leos Hof aufgeführt wurde, hieß es sogar ausdrücklich, daß jeder, der in Rom um eine Gunst nachsuche, sich um die Freundschaft Aretinos bemühen müsse, denn ihn zum Feind zu haben könne sehr gefährlich sein. «Gott schütze jeden vor seiner

Zunge!» ließ der unbekannte Schreiber des Stücks einen Schauspieler sagen.

War Aretino schon zu Lebzeiten Leos X. als bissiger Spötter gefürchtet, so festigte sich dieser Ruf nach dem plötzlichen Tod des Papstes noch mehr. In der Nähe der Piazza Navona, am Palazzo Braschi, steht der Torso einer antiken Marmorgruppe, den man seit Beginn des 16. Jahrhunderts als «Pasquino» kennt. Diese Figur, die angeblich nach einem gleichnamigen Schneider benannt wurde, der für seine böse Zunge bekannt war, wurde lange Zeit von den Römern als eine Art Anschlagsäule benutzt: Wer seinem Unmut über eine Maßnahme der Regierung Luft machen, einem mißliebigen Nachbarn einen Streich spielen oder aber eine erfreuliche Nachricht verbreiten wollte, heftete die entsprechende Äußerung, meist in Versform und anonym, für jedermann lesbar an den Pasquino, der auf diese Weise zu einem Träger der öffentlichen Meinung wurde und natürlich auch eine Menge indiskreten Klatsch auf sich vereinigte.

Die übermäßig lange Zeit, die die im Konklave versammelten Kardinäle brauchten, um nach Leos Tod einen neuen Papst zu wählen, gab in ganz Rom Anlaß zu skeptischen Kommentaren und respektlosen Anspielungen auf die mangelnde Qualifikation einzelner Papstkandidaten. Die Pasquino-Figur war täglich mit frechen Versen behängt, und Aretino übertraf auch hier an boshaft demonstrierter Detailkenntnis alle anderen Schmähpublizisten. In einundfünfzig satirischen Sonetten beschimpfte er Rom als den «Schwanz der Welt» und die Kardinäle, die sich um den Stuhl des Papstes bewarben, als frömmelnde Heuchler. Für den einen, so Aretino, stimmten «nur Huren und Zuhälter», für den anderen «nur die Toten»; ein dritter Kardinal versuche, mit Bestechung seine Wahl durchzusetzen, und für einen vierten werde sich keine Stimme finden, da «sein Steiß klüger als sein Kopf» sei.

Daß Aretino solche Beleidigungen ungehindert verbreiten konnte, läßt den Schluß zu, daß seine Anschuldigungen nicht alle frei erfunden waren. Jedenfalls wagte es anscheinend keiner der mächtigen Kardinäle, dem selbsternannten «Pasquino» den Mund zu verbieten.

Das versuchte erst der neue Papst, ein gebürtiger Flame, der unter dem Namen Hadrian VI. die Nachfolge Leos X. antrat und sich in jeder Hinsicht von seinem lebenslustigen und spendablen Vorgänger abhob. Hadrian war ein ernster, schweigsamer und karg lebender Mann, der mit seiner frommen Lebenshaltung und seinen strengen Anordnungen sehr schnell für Unruhe unter den ziemlich verweltlichten Geistlichen, vor allem aber unter den Höflingen, Künstlern und Dichtern sorgte, die zu Zeiten Leos so sorglos in den Tag hineingelebt hatten. Hadrians neuer Stil wurde allgemein als «barbarisch» empfunden: Der Papst lehnte es strikt ab, weiterhin Schulden zu machen wie Leo, brachte keine Verwandten in wichtigen Ämtern unter, wie es bis dahin bei Päpsten oft üblich gewesen war, und verbat sich energisch jeden Aufwand um seine eigene Person. Die Kardinäle kritisierte er scharf, weil sie wie Könige aufträten, den Priestern verbot er, Bärte zu tragen, weil sie sonst wie Soldaten aussähen, und die Prostituierten verbannte er ganz aus Rom. Es ging sogar das Gerücht um, Hadrian, «dieser holländisch-deutsche Barbar», wolle die Sixtinische Kapelle abreißen lassen, weil sie ihm wie «ein Badezimmer für Nackte» vorkomme.

Daß ein kunst- und literaturfeindlicher Papst, der überdies ein Nordländer und kein Italiener war, nicht nach Aretinos Geschmack sein konnte, ließ sich voraussehen. Schon bevor Hadrian, der vorher Bischof in der spanischen Stadt Tortosa gewesen war, in Rom eintraf, hatte Aretino einen ganzen Stab von Schmähschreibern zusammengebracht, die den neuen Papst und das Kardinalskollegium erbittert angriffen. Die Kardinäle wurden «Verräter am Blute Christi» genannt, weil sie den Vatikan jetzt den Händen eines «flämischen Schulmeisters» ausgeliefert hätten, der «durch das Los und göttliche Stupidität» zum Papst gemacht worden sei. Hadrian, wenig begeistert von diesem Empfang, drohte, den Pasquino und alle Pasquillanten im Tiber versenken zu lassen, wenn er ihrer habhaft werde. Aretino zog es vor, Rom schnellstens zu verlassen.

Ein Jahr lang hielt Aretino sich nun bei neuen Gönnern auf, die seinen Witz honorierten und sich seine freche Feder für alle Fälle sichern wollten: zunächst beim Kardinal Giulio de Medici in Florenz, der Aretinos bevorzugter Papstkandidat gewesen war; danach beim Markgrafen Federico Gonzaga in Mantua, der vergeblich versuchte, den ruhelosen Satirendichter für längere Zeit an seinen Hof zu binden; und schließlich bei einem anderen Medici, dem tollkühnen Condottiere Giovanni, der als Söldnerführer der «Schwarzen Banden» damals gerade im Dienst des französischen Königs Franz I. stand. Zwischen dem verwegenen Giovanni und Aretino, dem «Condottiere der Feder», entwickelte sich sehr bald eine enge Freundschaft, die Aretino die Bekanntschaft mit dem französischen

König eintrug, der sich zunehmend für den respektlosen Dichter interessierte.

Und noch eine weitere Bekanntschaft erwies sich für Aretino als äußerst nützlich. Denn als der ungeliebte Papst Hadrian knapp zwei Jahre nach seinem Amtsantritt an einem Nierenleiden starb, wurde Kardinal Giulio de Medici sein Nachfolger auf dem Heiligen Stuhl und nahm den Namen Clemens VII. an. Unter dem Schutz dieses Papstes, für dessen Wahl Aretino sich schon Jahre zuvor lautstark eingesetzt hatte, konnte sich der Pasquillant wieder in Rom blicken lassen und sang nun für eine Weile das Lob des neuen Herrn.

Doch allmählich begann Aretino seiner ständigen Abhängigkeit von einem mächtigen Gönner überdrüssig zu werden. Zwar wollte und mußte er auch weiterhin seinen Lebensunterhalt mit Schreiben verdienen, denn damit hatte er seinen Ruf begründet und darin lag seine eindeutige Begabung, aber sein Freiheitsdrang war zu stark, als daß er sein ganzes weiteres Leben – er war gerade Anfang Dreißig – als Gefälligkeitsschreiber im Gefolge eines Papstes oder Fürsten hätte verbringen wollen. Materielle Sicherheit war lebensnotwendig, ein wenig Luxus erwünscht, aber beides wollte er sich nicht als Pasquillant, sondern als allseits anerkannter Dichter und Schriftsteller verdienen, als Verfasser eines zeitlosen Werks, das seinen Namen für nachfolgende Jahrhunderte bewahren würde. Seine überströmende Vitalität und sein unerschütterliches Selbstvertrauen brachten ihm gleichermaßen Freunde wie Feinde ein, aber gleichgültig konnte ihm gegenüber niemand bleiben: Aretino stand immer im Mittelpunkt. Und noch etwas anderes war entscheidend für seine Popularität: Er beherrschte die Sprache des Volkes, den derben, ungeschminkten und treffsicheren Ausdruck. Bei seinem nächsten literarischen Unternehmen sollte ihm diese Fähigkeit allerdings eher schaden als nützen. Es ging dabei um handfeste Erotik.

Der Kupferstecher Marcantonio Raimondi, bekannt geworden durch die äußerst präzise Wiedergabe von Werken Dürers und Raffaels, aber auch durch ein vielgelobtes Porträt Aretinos, hatte sich nämlich, weniger aus Verkaufsinteresse als zum persönlichen Vergnügen, an ein heikles Thema gewagt. Er stach, nach Zeichnungen des Malers Giulio Romano, sechzehn Arten des Liebesgenusses in Kupfer und zeigte diese als «Modi» berühmt gewordenen erotischen Stellungsspiele im Freundeskreis herum. Aretino, dem solche Freizügigkeiten allemal Begeisterung entlockten, schrieb zu jedem dieser Stiche ein derb-obszönes Sonett. Die eindeutigen Verse riefen, mehr noch als die eindeutigen Abbildungen, die geballte Entrüstung aller frommen Kritiker hervor. Man sprach von «äußerster Zuchtlosigkeit», wie sie nur eine «faulige Zunge» hervorbringen könne. Und selbst der Aretino sonst wohlgesonnene Kunsthistoriker Vasari meinte, er wisse nicht, was häßlicher sei, «der Anblick der Stiche für die Augen oder die Worte Aretinos für die Ohren». So wurden denn die Stiche, soweit man sie fand, vernichtet, der Kupferstecher kam ins Gefängnis, nach dem Zeichner wurde gefahndet, und dem Verfasser der *Wollüstigen Sonette*, wie Aretinos Verse genannt wurden, schien es wieder einmal ratsam, schnellstens aus Rom zu verschwinden.

Eine Zeitlang hielt er sich in Reggio, im Feldlager seines Freundes, des Söldnerführers Giovanni de' Medici, auf.

Aber schon nach wenigen Monaten war er wieder in Rom, neu ausgestattet mit der Gunst des Papstes, der anscheinend nicht auf den unterhaltsamen Spötter verzichten mochte. Doch inzwischen reifte Aretinos Entschluß, Rom in absehbarer Zeit endgültig den Rücken zu kehren und in einer anderen Stadt ein unabhängiges Literatenleben zu führen. Dieser Plan wurde entschieden beschleunigt durch ein Ereignis, das Aretino fast das Leben gekostet hätte: In einer Julinacht des Jahres 1525 wurde er von einem oder mehreren unbekannten Männern angegriffen, vom Pferd gerissen und mit Dolchstößen in die Brust schwer verletzt.

Wer die Täter waren und wer sie beauftragt hatte, wurde nie ganz aufgeklärt. Es hieß, ein enger Vertrauter des Papstes, den Aretino mehrfach mit Spottgedichten lächerlich gemacht hatte, stecke hinter dem Anschlag; ein anderes Gerücht wollte wissen, daß ein Bischof, dem Aretino die Geliebte ausgespannt hatte, seinen Nebenbuhler beseitigen lassen wollte. Aretino jedenfalls war jetzt entschlossen, sich nach seiner Genesung einen neuen Wirkungskreis zu suchen. Wo das sein würde, hatte er schon in dem Entwurf einer Komödie angedeutet, die seine erste wichtige literarische Arbeit wurde, *La Cortigiana* (Die Kurtisane). In diesem Stück, das Rom als Schauplatz aller denkbaren menschlichen Schwächen und Laster vorführt, greift Aretino auch die Ungerechtigkeit und Launenhaftigkeit der Mächtigen an und läßt einen seiner Akteure sagen: «Ich werde vielleicht nach Venedig gehen. Dort wenigstens hängt man weder von einem Gönner noch einer Gönnerin ab, die einen armen Kerl meucheln lassen können. Nur in Venedig hält Justitia ihre Waage ohne Schwanken.»

Das freie, reiche und mächtige Venedig, das berühmt war für seine Kunst und die Schönheit seiner Frauen, wurde auch der Ort, an dem Pietro Aretino, der sich in Rom nicht mehr sicher fühlte, sein weiteres Leben als Schriftsteller und Liebhaber verbrachte. Der Doge Andrea Gritti, selbst ein Lebemann und Freund der Künstler, ließ sich die Gelegenheit nicht entgehen, einen so interessanten Mann wie Aretino in der Lagunenstadt aufzunehmen. Aretino bedankte sich mit Lobeshymnen auf die Stadt und den Dogen und versprach, niemals ein Wort gegen Venedig schreiben zu wollen – ein Schwur, den er einhielt.

Er hatte allerdings auch allen Grund dazu, denn obwohl er vom Klatsch nicht lassen konnte, gelang es ihm hier ungestört, auch ernsthafte literarische Vorhaben in die Tat umzusetzen. In Venedig schrieb Aretino nicht nur erfolgreiche Komödien, Tausende von Briefen und die berühmten *Kurtisanengespräche*, die seinen literarischen Ruf begründeten, sondern er fand auch noch reichlich Zeit – nämlich dreißig Jahre lang –, sein Amt als selbsternannter Zuchtmeister der kleinen und großen Herren auszuüben. Der Markgraf von Mantua, der immer noch hoffte, Aretino an seinen Hof ziehen zu können, schickte dem Dichter Gold und kostbare Kleidungsstücke. Andere Adelige beschenkten ihn mit goldenen Spangen und prachtvollen Stoffen. Kaiser Karl V. setzte dem unerschrockenen Autor eine Pension aus, und Franz I. von Frankreich übersandte Aretino eine schwere Halskette, die aus goldenen Zungen bestand.

Aretino fühlte sich nun nicht mehr abhängig von einem einzelnen Herrn, dem er nach dem Munde reden mußte und von dem er gegebenenfalls auch verstoßen werden konnte. Er, der die Höfe verschmähte, genoß es, jetzt selber hofhalten zu können, in einem Palazzo am Canal Grande. Man wollte seinen Rat, man beanspruchte seine Feder, man zahlte ihm Tribut. Selbstzufrieden schrieb er an einen Freund: «Eine Unmenge Herren liegt mir beständig im Kopfe mit ihren Besuchen. Meine Treppen sind schon ganz abgenutzt von ihren Füßen, wie das Pflaster des Kapitols von den Rädern der Triumphwagen. Ich glaube nicht, daß nach Rom ein solches Völkergemisch kommt wie in mein Haus. Zu mir kommen Türken, Juden, Franzosen, Deutsche, Spanier. Da mögt Ihr Euch denken, wie es erst mit den Italienern steht... Ich komme mir vor wie das Orakel der Menschheit, denn jeder erzählt mir das ihm von dem und dem Fürsten, von dem und dem Prälaten widerfahrene Unrecht. Ich bin der Sekretär der ganzen Welt.»

Seine einflußreiche Position kostete Aretino genüßlich aus. Aus der Provinz war er ins große Rom gekommen, um seine Begabung, seine Vitalität und seinen Charme unter Beweis zu stellen. In Rom hatte seine Karriere begonnen, in Venedig war sie auf dem Höhepunkt. Jetzt gehörte er selbst zu denen, die er früher bewundert hatte. Er wurde mit berühmten Autoren wie Machiavelli und Ariost verglichen. Aber auch in Venedig gebrauchte Aretino seine spitze Zunge. Er ließ sich weiterhin für Indiskretionen bezahlen, verbrauchte allerdings die Entlohnung nicht nur für sein Wohlleben, sondern zeigte auch ein weiches Herz für die zahlreichen Bettler, die täglich an seine Tür kamen. Im Jahre 1526 verfaßte er einen astrologischen Spottkalender für das folgende Jahr, in dem er seinen Gegnern künftige Bosheiten unterstellte, die sie zum großen Teil bereits begangen hatten. Und um seinen Bildungsstand zu dokumentieren, ließ er, in sechs voluminösen Bänden, seine gesammelten Briefe drucken, die nicht nur eine große Menge Klatsch, sondern auch seriöse Betrachtungen über Kunst, Literatur, Philosophie und Religion enthielten.

Er habe immer nur die Wahrheit verkünden wollen, rechtfertigte Aretino seine lebenslange Klatsch- und Enthüllungslust. Und mit seiner frechen Offenheit gewann er immer wieder Freunde, unter Adeligen, Geistlichen und Künstlern. Zu seinen engen Vertrauten gehörte Tizian, der ihn mehrmals porträtierte. Tintoretto malte eine Decke in Aretinos Palazzo aus, und Sansovino nahm ihn als Modell für eine Bronzebüste im Markusdom.

Aber neben vielen Ehrungen brachte ihm sein Verhalten auch in Venedig viele Gegner ein, die versuchten, Aretino mit seinen eigenen Waffen mundtot zu machen. Zwar war er vor weiteren Mordanschlägen ziemlich sicher, aber nicht vor Klatsch oder Verleumdungen. Seine Mutter sei eine Hure gewesen, wurde verbreitet, und seine Schwestern besäßen ein Bordell in seiner Geburtsstadt Arezzo. Wenn seine Mutter tatsächlich eine Hure gewesen sei, konterte Aretino, dann hätte sie schwerlich Modell für die Madonna in der Kirche Sant Agostino gestanden; und was seine Schwestern betreffe, so seien sie glücklich verheiratet.

Ein literarischer Konkurrent Aretinos warf ihm vor, ohne fremde Hilfe gar nicht schreiben zu können, da er völlig ungebildet sei. Prompt verfaßte Aretino zwei Komödien, die beide im Jahre 1542 mit Erfolg aufgeführt wurden. Und als jemand behauptete, Aretino habe niemals bedeutende Männer, sondern immer nur Gauner zu Freunden gehabt, veröffentlichte der Angegriffene die zweite Auflage seiner Korrespondenz, diesmal mit einem Anhang von vierundvierzig Briefen, die berühmte Persönlichkeiten, unter anderen Michelangelo, zum Teil in einem äußerst schmeichelhaften Ton an Aretino gerichtet hatten.

Erst als der lebenslustige Satiriker am 21. Oktober 1556 an einem Schlaganfall starb, hatten seine Gegner freie Bahn. Schon der Tod des 64jährigen ließ Gerüchte entstehen. Aretino sei gar nicht gestorben, hieß es, sondern treibe jetzt in einer anderen Stadt sein verleumderisches Unwesen. Ein französischer Literat verbreitete, Aretino sei aufgehängt worden. Die am häufigsten berichtete Version seiner Todesursache war allerdings eine andere: Aretino habe sich totgelacht – bei einem obszönen Witz seiner Schwester sei er vor Lachen vom Stuhl gefallen und habe sich das Genick gebrochen. Diese Szene ist, durch ein großes Gemälde von Anselm Feuerbach, auch in die Kunstgeschichte eingegangen.

Unmittelbar nach seinem Tod wurden seine sämtlichen Schriften verboten. Jetzt konnten sich ungehindert die wildesten Spekulationen über das Leben des «Göttlichen» ausbreiten. Was zu seinen Lebzeiten an Gerüchten umlief, aber durch ihn selbst widerlegt werden konnte, galt nun als die reine Wahrheit. Ein obskurer *Lebensbericht des Pietro Aretino* schilderte in bunter Folge Liebesaffären, Obszönitäten und erfundene Skandale. Schmähgedichte bezichtigten Aretino der Kuppelei und der Unzucht mit Tieren. Und ein Buch mit dem Titel *Das Erdbeben* beschrieb «den Ruin des großen, bestialischen

Kolossus, des Antichrist unserer Zeit», Aretino, dem alle Unfälle, Krankheiten und Todesarten wohlhabender Männer, von denen er profitiert hatte, zur Last gelegt wurden.

So blieb das Bild von Pietro Aretino, teils verzerrt, teils zutreffend, durchsetzt mit Klatsch und Gerücht, der Nachwelt erhalten. Ein sinnenfroher einzelner hielt seinem sinnenfrohen Zeitalter den Spiegel vor, ohne sich selbst dahinter zu verstecken. Noch Jahrhunderte nach Aretinos Tod gab es kein einstimmiges Urteil über den frivolen Literaten. Auch in der deutschen Kritik war man immer geteilter Meinung über ihn. Für Ferdinand Gregorovius galt Aretinos Dichtung als «moralische Syphilis am geistigen Organismus der Nation» und der Autor selbst als «ein Phänomen der Unsittlichkeit, wie es in keinem Volk zu irgendeiner Zeit gesehen ward». Hermann Grimm betrachtete Aretino als eine Persönlichkeit, «die jedem Ekel einflößen muß, der nur die schwächsten Anforderungen moralischer Art an den Menschen macht». Hermann Kesten dagegen nennt Aretino eher wohlwollend «die Zeitung von Europa», und Karl Voßler billigte Aretino zu, daß mit ihm «die große Demokratisierung der humanistischen Bildung» begonnen habe.

# *Prominenz und Medienklatsch*

> Der Klatschkolumnist paßt genau in das
> Schema unserer Gesellschaft.
> Ebenso wie der Produzent Bedürfnisse
> weckt, um sie decken zu können,
> weckt der Klatschkolumnist Neugierde,
> die er dann befriedigt.
>
> *Arthur Miller*

Wie groß das Bedürfnis nach klatschträchtigen Neuigkeiten ist, läßt sich nicht nur im alltäglichen Nachbarschaftsleben beobachten. Klatsch als soziale Kontrolle und als Möglichkeit zur Identifikation tritt nicht nur im privaten, überschaubaren Bereich kleiner Gruppen, sondern auch vor aller Öffentlichkeit auf. Dabei ist bemerkenswert, wie groß das Leser- und Zuschauerinteresse am Privatleben von Menschen ist, die aus unterschiedlichen Gründen als «prominent» gelten oder zumindest durch gelegentliche Medienpräsenz einen gewissen Bekanntheitsgrad erlangt haben.

Zeitungen und Zeitschriften mit Klatschkolumnen und «Hofberichten», Briefe bekannter Persönlichkeiten, intime Tagebücher und offenherzige Bekenntnisse machen ein weltweites Bedürfnis nach Enthüllung und Selbstenthüllung deutlich. Öffentlicher Klatsch ist seit langem kommerzialisiert und wird in Illustrierten und Boulevardblättern, in den «Personalien»-Spalten seriöser Zeitungen, in Talk-Shows auf dem Fernsehschirm, als Reportage oder Informationssendung mit «human touch» getarnt jedermann zugänglich dargeboten. Auf diese Weise gelangt, unter dem Schutz der Pressefreiheit, oftmals ungewünschte, teils auch unverbürgte Intim-Berichterstattung in überreichem Maße täglich in die Kommunikationsindustrie.

Der Blick hinter die Kulissen wird von den Medien seit langem geübt. Zu Beginn des 20. Jahrhunderts entstand in den USA während der Reformära unter Präsident Theodore Roosevelt die «muck-raking»-Bewegung: Fast alle großen Zeitschriften begannen damit, meist sensationell aufgemachte Enthüllungen aus dem politischen und wirtschaftlichen Leben Amerikas zu veröffentlichen. Roosevelt selbst, der von dieser Aufklärungs- und Klatschkampagne nicht verschont blieb, nannte die Sensationsreporter «muck-rakers», Schmutzwühler. Mit dieser teils abfälligen, teils respektvollen Bezeichnung war schon fünfundzwanzig Jahre zuvor, 1881, eine Protestbewegung benannt worden, die die vermutete Korruption bei politischen Behörden und großen Firmen, damals vor allem bei der Standard-Oil-Gesellschaft, aufzudecken versuchte. Unter vielen Journalisten galt die Bezeichnung «muck-raker» allerdings bald als Ehrentitel.

1974 stellte die *International Herald Tribune* fest, daß der Watergate-Skandal einen neuen «Enthüllungsboom» ausgelöst habe. Zahlreiche Journalisten legten neuerdings Wert darauf, als Enthüllungsreporter (investigative reporter) bezeichnet zu werden. Die Presse war es ja gewesen, die den Skandal ans Tageslicht gebracht hatte. Seit Watergate seien die Zeitungen gegenüber offiziellen Erklärungen sehr viel skeptischer geworden. Die Enthüllungswelle habe den ohnehin vorhandenen Trend zur «Exklusivstory» noch erheblich verstärkt. Dieser Trend rege zwar den Wettbewerb an, doch bestehe die Gefahr, daß oberflächliche, ungenau recherchierte und überflüssige Berichte veröffentlicht würden.

Fragen wie: Was ist privat? Wo beginnt die Intimsphäre? Wie weit ist Privatleben schutzbedürftig und schützenswert? sind heute schwieriger zu beantworten als je zuvor. Denn das Interesse der Öffentlichkeit am Privatleben von Politikern, Wirtschaftsführern, Schauspielern und sonstigen Prominenten ist ebenso groß wie die Bereitschaft der Medien, dieses Interesse im Hinblick auf Einschaltquote und Gewinnmaximierung zu befriedigen.

Über Personen, die ein Amt vor den Augen einer großen Öffentlichkeit ausüben, sagte Thomas Jefferson, der dritte Präsident der Vereinigten Staaten von Amerika, bereits im Jahre 1807: Wenn jemand einen öffentlichen Vertrauensposten annehme, dann müsse er sich als Eigentum der Öffentlichkeit betrachten. Die Frage, wie weit die Allgemeinheit über Details aus dem Privatleben von Prominenten informiert werden solle, ist damit allerdings noch nicht ausreichend beantwortet. Muß die Öffentlichkeit beispielsweise darüber aufgeklärt werden, daß ein bekannter Schriftsteller homosexuell, ein Politiker unehelich geboren, die Gattin eines Industriellen in psychiatrischer Behandlung ist?

Als traditionelles Kriterium gilt bei seriösen Medien, daß über Interna aus dem Privatleben prominenter Persönlichkeiten nur dann etwas veröffentlicht werden sollte, wenn ein direkter Bezug zur öffentlichen Tätigkeit des Betreffenden besteht. Dies war beispielsweise in der

«Profumo-Affäre» im Jahre 1963 der Fall, als der britische Heeresminister im konservativen Kabinett Macmillan, Jack Profumo, trotz angeblich glücklicher Ehe ein Verhältnis mit dem neunzehnjährigen Callgirl Christine Keeler hatte und in diesem Zusammenhang publik wurde, daß die Dame auch mit einem russischen Diplomaten intime Beziehungen unterhielt. Hier konnten die Medien ganz legitim ins Detail gehen, was sie auch monatelang weidlich ausnutzten.

Die schwere Krankheit des früheren französischen Präsidenten Pompidou dagegen wurde von der einheimischen Presse lange geheimgehalten, obgleich man aus Zeitungsfotos eindeutig ersehen konnte, daß der Präsident keinesfalls gesund war. Später wurde den Medien vorgeworfen, sie hätten in diesem Fall unbedingt berichten müssen, denn schließlich habe das Wohl der Nation auf dem Spiel gestanden. Dieses wenig glaubhafte Argument nahmen bald darauf einige französische Zeitungen zum Anlaß, «aus Sorge um die Nation» im Privatleben des folgenden Präsidenten, Giscard d'Estaing, herumzustöbern und dem Gerücht nachzugehen, der verheiratete Präsident unternehme gelegentlich «nächtliche Ausflüge». Präsident Mitterrand schließlich trat im Jahre 1994, bevor die Medien wieder «aus nationaler Sorge» tätig werden konnten, gleich selbst mit offenen Bekenntnissen über seine Krebserkrankung und außerdem über eine frühere Liebesaffäre an die Öffentlichkeit.

Für den früheren amerikanischen Präsidenten Ronald Reagan, bei dem die Alzheimersche Krankheit diagnostiziert worden war, bestand zwar keine politische Notwendigkeit, die Öffentlichkeit über sein gesundheitliches Befinden zu informieren. Der mediengewandte Expräsident entschied sich aber ebenfalls dafür, seinen Gesundheitszustand vor der Öffentlichkeit zu enthüllen, um seine persönliche Verbundenheit mit seinen Landsleuten zu dokumentieren, bei noch klarem Verstand seine Abschiedsgrüße an Amerika zu formulieren und sich nochmals nachdrücklich in Erinnerung zu bringen.

Doch selbst wenn seriöse Zeitungen private Details über das Leben von Prominenten aus Diskretion verschweigen, sehen sie sich oft gezwungen, bislang zurückgehaltene Berichte doch zu veröffentlichen, um sich der Konkurrenz indiskreterer Blätter zu erwehren oder deren Angaben zu korrigieren oder zu ergänzen. Die Nixon-Affäre, so schrieb das Magazin *Newsweek* in diesem Zusammenhang, habe deutlich gemacht, daß der Charakter eines Politikers für das von ihm ausgeübte Amt von großer Wichtigkeit sei. Und um das Wesen eines Politikers zu verstehen, sei es unerläßlich, auch Einzelheiten über sein Privatleben zu erfahren.

Für das Ausbreiten von Privatinformationen in der Öffentlichkeit finden sich fast immer mehr oder weniger gute Gründe. So lud zum Beispiel in den sechziger Jahren das FBI eine Reihe ausgewählter Journalisten ein und belustigte sie mit Tonbandaufzeichnungen und schriftlichen Dokumenten, die sich auf das außereheliche Liebesleben des Bürgerrechtlers Martin Luther King bezogen. Diese Geschichte sollte zunächst nicht gedruckt werden, aber einige Medien nahmen die Gelegenheit zur Veröffentlichung dennoch wahr, mit der einleuchtenden Begründung, nur auf diese Weise könnten die illegalen Abhörpraktiken der Regierung angeprangert werden.

Während im privaten Klatsch Vertrauliches, Intimes meist unter dem Siegel der Verschwiegenheit enthüllt wird, bricht der Klatsch in den Medien dieses Siegel. Er erweitert die private Klatschgruppe um ein Vielfaches und gibt dadurch, daß er Details in Schrift und Bild – statt in mündlicher, eher widerrufbarer oder anzweifelbarer Form – mitteilt, der Privatinformation eine nachhaltige Wirkung. Anders als beim privaten Klatsch, bei dem sich Klatschverbreiter, Klatschhörer und Klatschobjekt im allgemeinen persönlich kennen und damit für ein Klatschopfer immerhin eine gewisse Chance besteht, dem Klatsch entgegenzuwirken, falsche Informationen richtigzustellen und bösartige Klatschverbreiter zur Rechenschaft zu ziehen, hat ein Opfer des Medienklatsches kaum je eine solche Gelegenheit; es kann sich, wie zahlreiche prominente Klatschopfer täglich erleben, nicht vor unliebsamen Enthüllungen schützen. Ein indiskretes Foto, millionenfach gedruckt, ist nicht mehr zurückzuholen. Auch Klagen vor Gericht oder Schadenersatzansprüche nützen wenig. Der Anblick hat seine Wirkung getan, und der Klatsch ist nicht mehr aufzuhalten. Bei falschen Informationen durch die Medien kommt die Richtigstellung durch das Klatschopfer zwangsläufig immer zu spät, nämlich dann, wenn die angebliche Sensation bereits als zutreffende Information konsumiert worden ist. Dementis gegenüber «Zeitungsenten» haben zudem noch den Nachteil, daß ihnen im allgemeinen weniger Aufmerksamkeit (und meist auch weniger Glauben) geschenkt wird als der ersten Mitteilung, die den gefühlsentscheidenden Eindruck ausgelöst hat. Darüber hinaus gilt zum Nachteil des Betroffenen, daß immer etwas hängenbleibt: «Semper aliquid haeret.»

Wie beim privaten Klatsch so spielt auch beim Klatsch über Prominente die Projektionsbereitschaft eine wesentliche Rolle. Aber im Gegensatz zum Privatklatsch, bei dem gewöhnlich eher negative Strebungen und Projektionen eigener uneingestandender Schwächen zum Ausdruck kommen, liefert der professionelle Klatsch in den Medien oft die Grundlage für Wunschprojektionen des Lesers oder Zuschauers, der eigene, kaum erfüllbare Vorstellungen in bestimmten Prominenten verwirklicht sieht. Unverkennbar ist hier der Hang zur Identifikation mit dem «Helden», der «es geschafft» hat, reich und berühmt geworden ist, sich als Individuum verwirklicht hat. «Versagt» aber diese Projektionsfigur irgendwann einmal – zum Beispiel, wenn sich ihr im Klatsch etwas Negatives anhängen läßt, wenn sie sich «unnormal» benimmt oder wenn sie an Attraktivität einbüßt, weil sie private oder berufliche Fehlschläge erlitten hat –, dann wird die klischeehafte Gestalt auf «menschliches» Maß reduziert. Die Reaktion des Lesers oder Zuschauers ist dann meist Erleichterung, Schadenfreude und Genugtuung über den Sieg der Norm, deren Zwängen er ja selbst auch unterworfen ist.

Massenmedien suchen, ihrer Bezeichnung entsprechend, den Weg zu einer breiten Öffentlichkeit, deren vermuteten oder belegbaren Informationswünschen sie sich anpassen. «Die Leute wollen das so», ist die stereotype Antwort auf die Frage, warum seichte, nichtssagende Fernsehprogramme den qualitätvolleren vorgezogen werden, warum Boulevardblätter und Regenbogenpresse mit ihren Erzeugnissen so erfolgreich sind, warum das oberflächlich Ansprechende dem Anspruchsvollen quantitativ weit überlegen ist. Wo ein großes Publikum ist, kann auch die Werbung sich in großem Umfang ausbreiten, was wiederum finanziell den Fernsehanstalten zugute kommt. Diese Wechselbeziehung hat in den letzten zwanzig Jahren zu einem eklatanten Niveauverlust im Fernsehprogramm geführt, so daß qualitativ hoch stehende Sendungen oft nur noch widerwillig mitfinanziert, auf späte Sendezeiten verlegt oder überhaupt nur noch von wenigen Sendern ausgestrahlt werden.

Um so mehr hat im Laufe der Zeit das Thema Klatsch in den Medien an Boden gewonnen. Vor allem das Fernsehen ist inzwischen zu einem Dauerpartner in allen Angelegenheiten des täglichen Lebens geworden. Viele Fragen, die noch vor wenigen Jahrzehnten unter «intim» verbucht wurden, haben mittlerweile über die Massenmedien den Weg in die breite Öffentlichkeit gefunden. Psychische Probleme und Eheschwierigkeiten, Potenzängste und alle Spielarten der Sexualität, das eigene und das fremde Privatleben werden vor Millionen von Zuschauern ausgebreitet. Vor laufender Kamera werden echte Tränen vergossen, Menschen erschossen oder ungewöhnliche Sexualpraktiken erläutert. Reality TV, «Versteckte Kamera» und andere Sendungen mit geringem Informations-, aber offenbar großem Unterhaltungswert überschreiten alle Schamgrenzen oder nehmen dieses Überschreiten zumindest in Kauf. Je weiter sich das Medium Fernsehen in das Vertrauen der Zuschauerschaft hineingearbeitet hat und je mehr es aus Gründen der Selbsterhaltung nach Zuschauern ausgreift, desto größer scheint die Bereitschaft von Zuschauern zu werden, ihre passive Rolle als bloße Konsumenten aufzugeben und ihr Privatleben vor einem

Millionenpublikum zu enthüllen. Oft erhoffen sich die aktiv gewordenen Zuschauer allem Anschein nach tatsächlich eine Hilfe in persönlichen Belangen, zumal Berichte über derartige Unterstützung sie ermutigen, eigene Probleme im Fernsehen bloßzulegen.

Eine etwa vierzigjährige Frau, deren Aussehen und Stimme leicht verfremdet worden sind, die aber von Bekannten zweifelsfrei sofort erkannt werden würde, berichtet eingehend darüber, wie sie als Vierzehnjährige vom Pfarrer ihrer Gemeinde vergewaltigt worden ist. Der Geistliche, so erzählt die Frau, habe sie damals zu einem Gespräch gebeten und ihr in seinem Arbeitszimmer ein Glas Wein angeboten. Sie sei plötzlich sehr müde geworden, und als sie schließlich aufgewacht sei, habe sie unbekleidet und mit schmerzendem Unterleib unter einer Bettdecke gelegen, während der Pfarrer gerade einen Fotoapparat in seinen Schrank legte. Der Pfarrer habe ihr dann erklärt, es sei besser, daß sie von einem erfahrenen Mann entjungfert worden sei als von einem leichtsinnigen jungen Burschen. In ihrer Unerfahrenheit habe sie dies selbstverständlich so hingenommen. Er habe ihr dann das Versprechen abverlangt, niemandem von diesem Vorfall etwas zu sagen und in der folgenden Woche wiederzukommen; wenn sie dies nicht tue, werde er ihren Eltern Fotos zeigen, die er von ihr gemacht habe. Verwirrt und ängstlich gehorchte das Mädchen dem Pfarrer – drei Jahre lang.

Ein aufmerksamer Nachbar war ihre späte Rettung. Der Mann hatte beobachtet, wie oft das verstört wirkende Kind allein zum Pfarrer ging, und sprach den Geistlichen darauf an. Dessen Reaktion war offenbar so verräterisch, daß der Nachbar Anzeige wegen des Verdachts auf Kindesmißbrauch erstattete. Innerhalb kürzester Zeit wurde der Verdächtige von seiner Kirchenleitung in eine andere Gemeinde beordert und das Mädchen von einem anderen Pfarrer aufgefordert, über alles, was sie erlebt habe, den Mund zu halten, weil ihr doch keiner glauben würde.

Das streng und fromm erzogene Mädchen hielt sich an die Aufforderung zum Schweigen. Einige Jahre später, als junge Frau, heiratete sie, sprach aber aus Scham auch mit ihrem Mann nicht über das damalige Geschehen. Die Tat des Pfarrers wäre weiterhin ungeahndet geblieben, wenn dieser nicht nach Jahren telefonisch erneut mit der Frau Kontakt aufgenommen hätte, um sie wiederzusehen. Da entschloß sie sich endlich, einen befreundeten Arbeitskollegen einzuweihen, der daraufhin Polizei und Staatsanwaltschaft informierte. Bei einer amtlichen Durchsuchung des Pfarrhauses wurde eindeutig belastendes Material gefunden, unter anderem eine Menge intimer Fotos sowie ein Tagebuch des Pfarrers, das detaillierte Beschreibungen seiner sexuellen Beziehung zu dem jungen Mädchen enthielt. Dem Geistlichen blieb nichts anderes übrig, als seine Schuld einzugestehen. Offensichtlich hatte der Mann immer noch Rückendeckung von hilfreicher Seite: In einem Fax, das die Polizei entdeckte, dessen Absender aber nicht zu ermitteln war, hatte jemand dem Täter dringend empfohlen, sich für eine Weile ins Ausland abzusetzen.

Bei dem folgenden Prozeß, in dem die damals bereits verheiratete Frau ihre bedrückenden Jugenderfahrungen mit der geistlichen Vertrauensperson in allen Einzelheiten schildern mußte, wurde von kirchlicher Seite um eine

Strafmilderung für den Pfarrer gebeten, mit dem Argument, das mißbrauchte Mädchen sei damals immerhin schon vierzehn Jahre alt gewesen. Das Urteil lautete auf vier Jahre Gefängnis.

Warum hatte die Frau sich dem Massenmedium Fernsehen anvertraut, obwohl sie so lange selbst gegenüber vertrauten Menschen geschwiegen hatte und der Täter bestraft worden war? Wollte sie andere vor ähnlichen Erlebnissen warnen? War sie mit dem Urteilsspruch nicht zufrieden? Oder sah sie in einem solchen Fernsehbericht die Möglichkeit, sich von dem ihr geschehenen Unrecht vor einem Millionenpublikum – und dennoch fast anonym durch die maskenbildnerische Verfremdung – in einer Art spätem Racheakt symbolisch zu befreien oder wenigstens zu erleichtern?

Diese Fragen wurden in der Sendung nicht gestellt. Aber wie vage auch immer die Beweggründe sein mochten, die die Frau vor die Kameras gedrängt hatten, das Medium Fernsehen hatte jedenfalls davon profitiert. Es hatte dabei gleich mehrere Publikumsbedürfnisse befriedigt: voyeuristische Lust an detaillierten Schilderungen erotischer Art; die Selbstdarstellung einer Person, die einmal Opfer war und es durch den Fernsehbericht, offenbar ohne es zu merken, noch einmal wurde; das vielzitierte «Recht auf Information» des Zuschauers. Gleichzeitig ließ sich als Rechtfertigung das jederzeit greifbare Alibi anbringen, eine solche Sendung könne als Abschreckung und Warnung einen moralischen Nutzen haben.

Mit Aufklärung, belegbarer Information und sehr viel Tratsch gelten Massenmedien inzwischen längst als meinungsbildende Autoritäten. Die heutige Form der Zeitung und der mit ihr fast untrennbar verbundenen Klatschkolumne hat ihren Ursprung im England des 18. Jahrhunderts. Daniel Defoe, Verfasser des weltberühmten *Robinson Crusoe*, gab von 1704 bis 1713 die Zeitschrift *The Review* heraus, die dreimal wöchentlich erschien. Diese Zeitschrift, die Aufsätze über politische, soziale, wirtschaftliche Themen und über Fragen der Sitte und Moral enthielt, war außerordentlich erfolgreich, weil Defoe es verstand, seriöse Information und gute Unterhaltung geschickt miteinander zu verbinden. Defoe war überzeugt davon, daß die Leser meist erst «zur Kenntnis der Welt beschwatzt werden» müssen. Um diesen «ehrlichen Betrug», wie er ihn nannte, ausführen zu können und den Lesern gleichzeitig Vergnügen zu bereiten, fügte er dem Informationsteil der Zeitschrift einen heiter-unterhaltenden bei, den er «Ratschlag vom Skandal-Club» nannte und der sich auf witzige Art mit kontroversen Aspekten des gesellschaftlichen Lebens beschäftigte.

Diese Neuerung bereitete einer anderen Zeitschrift den Weg, die als literarischer Vorläufer heutiger Zeitungen angesehen werden kann: *The Tatler* (Der Plauderer), begründet von dem Essayisten Richard Steele. Dieses ebenfalls dreimal wöchentlich erscheinende Blatt wurde der Öffentlichkeit als «Moralische Wochenschrift» vorgestellt. «Der allgemeine Zweck dieser Zeitschrift», erklärte Steele seinen Lesern, «ist es, die falschen Künste des Lebens zu entlarven, die Verkleidungen der Schlauheit, Eitelkeit und Affektiertheit herunterzureißen und eine allgemeine Einfachheit in unserer Kleidung, unserer Rede und unserem Benehmen zu empfehlen.»

Richard Steele war Herausgeber der *Gazette*, der offiziellen Regierungszeitung. Da er in dieser Eigenschaft die vielfältigen Informationen, die ihm zugingen, nur sehr eingeschränkt verwenden konnte, gründete er mit dem *Tatler* eine eigene Zeitschrift, in der sich politische Nachrichten und moralische Fragen unbefangener behandeln ließen. Wenn es an politischen Nachrichten mangelte, wollte der *Tatler* «nicht weiter viel fremde Edikte und langweilige Proklamationen mitteilen, sondern dafür lieber Vorgänge und Gespräche erzählen, die sowohl hier in der Stadt als auswärts die Aufmerksamkeit auf sich ziehen».

Als den Begründer seiner Zeitschrift nannte Steele einen Herrn «Isaac Bickerstaff». Es war eine im damaligen England allgemein beliebte literarische Figur, die Jonathan Swift erdacht hatte: Unter dem Pseudonym Isaac Bickerstaff hatte Swift, der nicht nur Schriftsteller, sondern auch anglikanischer Geistlicher war, im Jahre 1708 eine Anzahl von Spottschriften gegen einen Kalendermacher namens John Partridge verfaßt, der durch sogenannte Prophezeiungen bei seiner Leserschaft den Hang zum Aberglauben kräftig unterstützte. Swift gab nun seinerseits eine «Prophezeiung» heraus, nämlich eine Parodie mit dem Titel *Vorhersagen für das kommende Jahr, von Isaac Bickerstaff*, in der er für den 29. März 1708 den Tod des Kalendermachers Partridge voraussagte. Am 30. März veröffentlichte Swift dann einen Bericht, in dem Partridges Ende geschildert wurde. Der Kalendermacher protestierte energisch gegen sein angebliches Ableben, doch Swift widersprach ihm in einer «Rechtfertigung» und erklärte Partridge endgültig für gestorben. Der Name Bickerstaff war von da an im Volksmund diejenige Gestalt, der man Spott, Witz und Anzüglichkeiten in den Mund legte.

Mit dem *Tatler* wurde gleichzeitig eine neue literarische Form geschaffen, die sich bald großer Beliebtheit erfreute und viele Nachahmer fand: der Zeitschriften-Essay. Ein berühmter Nachfolger des *Tatler* ist die illustrierte Wochenzeitschrift *Punch*, die seit 1841 erscheint und damit die älteste ununterbrochen publizierte Satirezeitschrift der Welt ist.

Der *Tatler*, zu dessen Mitarbeitern viele bedeutende Schriftsteller gehörten, berichtete über Reisen und Familienereignisse an europäischen Höfen, über kriegerische Auseinandersetzungen, über Kaffeehäuser, über Gewohnheiten des häuslichen Lebens und über Angelegenheiten des weiblichen Herzens. Steeles wichtigster Mitarbeiter war sein ehemaliger Schulfreund, der Dichter und Essayist Joseph Addison. In seinem ersten Beitrag bedauerte dieser die Nachrichtenschreiber in England, denen so sehr viel Erfindungskraft abverlangt werde: Sie müßten immer noch mehr Schlachten schlagen, mehr Städte einnehmen und mehr Feinde besiegen als diejenigen, die tatsächlich auf dem Schlachtfeld kämpften. Und wenn sonst nichts passiere, so müsse wenigstens ein Komet in Deutschland oder ein Großfeuer in Moskau erfunden werden. Ihm selbst könne dieses Mißgeschick zum Glück nicht passieren: «Da meine bevorzugten Tätigkeitsbereiche Kaffeehäuser, Theater und meine eigene Wohnung sind», schrieb Addison erleichtert, «brauche ich zu meiner Unterstützung keine Feldlager, Festungen und Schlachtfelder. Ich rufe mir keine Helden und keine Generäle zu Hilfe.»

Nach dem Sturz der Whig-Partei, der Steele angehörte, wurde ihm die Leitung der regierungsamtlichen *Gazette* abgenommen; damit verlor er auch seine Informanten. Der *Tatler* enthielt sich allmählich immer mehr der politischen Kommentare und verlegte das Gewicht seiner Themen auf das gesellschaftliche Leben und die angestrebte Verbesserung der Sitten. Die Zeitschrift erschien noch bis März 1711 und wurde dann von einem täglich erscheinenden Blatt abgelöst, das nun unter der Leitung Addisons stand: *The Spectator*, der sowohl in England als auch in den Kolonien große Verbreitung fand. Dazu trug entscheidend bei, daß die Zeitschrift keine politischen Nachrichten mehr brachte. Addison verwendete jetzt nicht mehr die Figur des Isaac Bickerstaff, sondern erfand eine Art Club, eine Gruppe verschiedener Charaktere, in denen sich das englische Lesepublikum wiedererkannte. Die Leserschaft war zumeist weiblich; auch Königin Anne erhielt den *Spectator* morgens, mit dem Frühstück. Steele und Addison betonten ausdrücklich, daß ihre Zeitschrift für Männer ebenso wie für Frauen geschrieben werde, denn die Frauen würden in dem angestrebten Zivilisierungsprozeß eine bedeutsame Rolle spielen. «Es gibt niemanden, für den diese Zeitschrift nützlicher wäre als für die weibliche Welt», erklärte Addison in der zehnten Ausgabe des *Spectator*. «Ich denke oft, daß man sich nicht genügend Mühe gegeben hat, für das schöne Geschlecht geeignete Beschäftigungen und Ablenkungsmöglichkeiten zu finden. Ihre Vergnügungen scheinen eher auf ihre Weiblichkeit zugeschnitten zu sein als darauf, daß sie vernunftbegabte Wesen sind.» Solche herablassenden Sätze werfen ein bezeichnendes Licht auf die Situation der Frau im 18. Jahrhundert.

Mit der Entstehung des Mediums Zeitschrift bemühten sich nun auch Frauen, im aufblühenden Journalismus Fuß zu fassen. Hier war ihnen allerdings, bis über die Mitte des 20. Jahrhunderts hinaus, von den Männern meist nur eine sehr begrenzte Rolle zugedacht. Klatsch war, wie Beispiele hinreichend belegen, eine quasiliterarische Domäne der Männer. Da aber diese Art der Unterhaltung unter «sachlichen» Gesichtspunkten als eher unnütz und überflüssig angesehen wird, versuchte man in den überwiegend von Männern verantworteten Zeitungen und Zeitschriften wie auch in anderen Medien, den Sektor «leichte Unterhaltung» den Frauen zuzuschreiben. Einige Frauen übernahmen diesen Bereich gerne, der oft auch die Klatschkolumnen umfaßte.

Vor allem in den USA entfaltete sich der Klatschjournalismus mit Enthüllungen über das Privat- und Liebesleben von Prominenten in kurzer Zeit zu erstaunlicher Blüte. Die Funktion der Klatschkolumnistin, zunächst als mehr oder minder überflüssiges Zugeständnis an weibliche Schreibkräfte betrachtet, wurde im Laufe weniger Jahre zu einer Institution, deren Einfluß man fürchtete (oder suchte) und der man, vor allem im Showbusiness, mit Respekt begegnete. Selbst wer diese Tätigkeit insgeheim als eine mindere Form des Journalismus angesehen hatte, mußte feststellen, daß sie zumindest unentbehrlich geworden war. Berühmte Kolumnistinnen wie Louella Parsons, Hedda Hopper oder Elsa Maxwell waren wegen ihrer detaillierten Kenntnisse über das Privatleben von Schauspielern, Regisseuren oder anderen Persönlichkeiten des öffentlichen Lebens und wegen ihrer Bereitschaft, darüber Auskunft zu geben, besonders gefürchtet, und imagebewußte Prominente der Filmszene taten viel, um sich der Gunst dieser Schreiberinnen zu versichern. Mit Informationen über das Privatleben von Kolleginnen und Kollegen und gelegentlich auch mit großzügigen Geschenken oder Einladungen bemühten sie sich, nicht selbst das Opfer von zählebigem Klatsch zu werden.

Allerdings verläuft die Kommunikation zwischen Klatschkolumnistinnen und Stars nicht immer ganz reibungslos. So berichtete *Der Spiegel* einmal, daß Frank Sinatra mit der Gesellschaftsreporterin Maxine Cheshire ein unerfreuliches Zusammentreffen gehabt hatte. Die Journalistin, die den Sänger bei einem Interview mit Fragen nach seiner angeblichen Mafia-Zugehörigkeit verärgert hatte, wurde von dem Altmeister des Showgeschäfts auf rüdeste Weise beschimpft. In einem Restaurant, in dem sich beide zufällig begegneten, riet er der Kolumnistin böse, sie möge doch «erst einmal ein Bad nehmen». Dann fragte er einen anderen Gast: «Sie kennen doch Miss Cheshire?» und erläuterte: «Der Gestank, den Sie riechen, stammt nämlich von ihr.» Schließlich steckte er ihr, nachdem er sie noch als «billige Zwei-Dollar-Nutte» bezeichnet hatte, zwei Dollarnoten in ihr leeres Glas.

Als im Dezember 1972 die Klatschkolumnistin Louella Parsons im Alter von einundneunzig Jahren in Kalifornien starb, widmeten zahlreiche amerikanische und europäische Zeitungen ihr freundlich-respektvolle Nachrufe. Die ausführlichen Kommentare zu ihrer früheren Schreibtätigkeit zeigten deutlich, daß man die Arbeit der Kolumnistin keineswegs geringgeschätzt hatte. Louella Parsons war als Informationsquelle im Filmgeschäft zu einer festen Institution geworden. Die *International Herald Tri-*

*bune* nannte die Verstorbene «die erste Klatschkönigin von Hollywood». Louella Parsons, die auf der Höhe ihres Erfolgs ungefähr neunzig Millionen Leser hatte – ihre Klatschspalte erschien, wie die Londoner *Times* berichtete, in fast 900 Zeitungen –, öffnete nicht nur die Türen der Filmschauspielerinnen und -schauspieler, um über deren Romanzen oder Skandale zu berichten. Von vielen Stars und Starlets wurde sie auch in Fragen des beruflichen Lebens konsultiert und um ihren Rat in privaten Angelegenheiten gebeten.

Wenn allerdings jemand es mit ihr verdorben hatte, konnte ihr Schweigen ebenso unangenehm sein wie ihre spitze und oft indiskrete Feder. Diese Erfahrung machte zum Beispiel Orson Welles. Als der Regisseur den Film *Citizen Cane* drehte, in dem das Leben des Zeitungskönigs Randolph Hearst sehr freizügig offengelegt wurde, redete Welles der mißtrauischen Kolumnistin, die für Hearst arbeitete, ein, der Film habe nicht das geringste mit ihrem Chef zu tun. Durch eine Bekannte erfuhr Louella Parsons aber kurz vor der Premiere die Wahrheit über den Inhalt des Films. Umgehend informierte sie Hearst, der alle Hebel in Bewegung setzte, um den Film von allen in seinem Einflußbereich liegenden Kinos boykottieren zu lassen. Als der Film zehn Monate später, nach dem Bruch des Boykotts, weltweit gezeigt und zum besten Film des Jahres 1958 gewählt wurde, kam Orson Welles' Name auf die Liste derjenigen Leute, über die Louella Parsons nie ein freundliches Wort schreiben durfte. «Ich müßte schon von der Sittenpolizei aufgegriffen werden», meinte der Regisseur sarkastisch, «damit Louella mich in ihrer Kolumne überhaupt noch erwähnt.»

Vertraute vieler bekannter Filmstars zu sein und unter dem Schutz des millionenschweren Pressezaren Hearst zu stehen war in Hollywood eine begehrte Machtposition, die Louella Parsons zäh gegen potentielle Konkurrentinnen zu verteidigen wußte. Hedda Hopper, die als ebenso ehrgeizige wie neugierige junge Filmschauspielerin nach Hollywood kam und sich bald im Privatleben vieler Stars gut auskannte, war zunächst eine der regelmäßigen Informationsquellen für die Klatschkolumnistin. Das machte sich für die Schauspielerin zwar nicht in barer Münze bezahlt, aber Hedda Hoppers Name tauchte immer öfter in Louella Parsons Kolumne auf, und für eine junge, aufstrebende Künstlerin war das sehr viel wert.

«Schweigen», schrieb Hedda Hopper, die wenige Jahre später Louella Parsons' schärfste Klatschkonkurrentin wurde, in ihrem Buch *Hollywood ungeschminkt*, «ist der härteste Schlag, den man in Hollywood einem Selbstbewußtsein versetzen kann. Wird ein Star nicht erwähnt, dann verliert er fast den Verstand. Stars leben und sterben nun einmal durch die Reklame. Sogar Produzenten sind dagegen nicht immun. Sam Goldwyn telegrafierte mir einmal von Hawaii aus: NAME SEIT EINER WOCHE NICHT GENANNT STOP SIE GLAUBEN HIER NICHT DASS ICH WICHTIG BIN STOP BITTE TU ETWAS!»

Als Hedda Hopper anfangs immer «nur das Gute» über Filmstars schreiben wollte, lachte man sie aus. Niemand nahm ihre Kolumne ernst, und sie war über ihre Erfolglosigkeit deprimiert. Auf den Rat von Freunden hin begann sie dann, entschlossen «die ganze Wahrheit» zu schreiben, mit Indiskretionen nicht zu sparen und Leute, die ihr aus irgendeinem Grund mißfielen, in ihrer Klatschspalte zu diskreditieren. Von der Zeit an wurde sie mit Briefen und Telefonanrufen überhäuft. Man drohte ihr mit Beleidigungsklagen, und man flüsterte ihr neue Indiskretionen zu, kurz, sie hatte den ersehnten «Erfolg». Prominente, von denen sie bislang ignoriert worden war, wollten plötzlich ihre Freunde werden. Man informierte sie jetzt mit Details aus dem Privatleben, dem eigenen oder dem von Kollegen, lud sie zu Parties ein und beschenkte sie großzügig mit «kleinen Aufmerksamkeiten». Manche Stars zogen nicht mehr Louella Parsons, die gewohnt war, jede Nachricht zuerst zu bekommen, ins Vertrauen, sondern gingen mit ihren mehr oder weniger banalen Geheimnissen nun zu Hedda Hopper. So wurde die Kolumnistin interessant, ihre Leserschaft erweiterte sich rasch, und ihr Honorar stieg.

Wie die Klatschmaschinerie funktionierte und auf welchen Kanälen der Tratsch an die Ohren der Kolumnistinnen gelangte, schildert Hedda Hopper in einem Kapitel über den «Krieg» zwischen ihr und Louella Parsons. Während Miss Parsons einen Leserstamm von etwa neunzig Millionen hatte, wurden Hedda Hoppers Klatschspalten damals «nur» von ungefähr fünfunddreißig Millionen Lesern zur Kenntnis genommen. Den Vorsprung erhielt sich die ältere Kollegin dadurch, daß sie einen weitverzweigten Nachrichtendienst unterhielt, zu dem Postangestellte, Telefonistinnen, Kosmetikerinnen, Friseure, Hotelpagen und Sprechstundenhilfen von Ärzten und Zahnärzten gehörten.

Louella Parsons' bester Spion im Bereich der Medizin war allerdings ihr zweiter Ehemann, Dr. Harry Watson Martin. Ursprünglich war er Facharzt für Geschlechtskrankheiten gewesen, hatte sich dann, aus Interesse für das Showgeschäft, in Hollywood niedergelassen und wurde schließlich Chefarzt bei der Twentieth Century Fox. Von ihm erfuhr Louella Parsons nicht nur als erste, wer an welchen Krankheiten litt, sondern durch seine Mithilfe unterhielt sie auch gute Beziehungen zu pharmazeutischen Labors, insbesondere zu denen, die auf Schwangerschaftstests spezialisiert waren. Ob eine Filmschauspielerin ein Kind erwartete, wußte die Klatschkolumnistin deshalb oft schon früher als die werdende Mutter selbst.

Als Hedda Hopper 1966 im Alter von fünfundsiebzig Jahren starb, war auch ihre ältere Kollegin des Klatschens müde. Doch für Ersatz war schon gesorgt. Unter den zahlreichen Nachfolgerinnen der profilierten Hollywood-Klatschkolumnistinnen Parsons und Hopper machte vor allem die englische Schauspielerin Sheilah Graham von sich reden, die in ärmlichen Verhältnissen im Londoner East End aufgewachsen war. Die vor allem durch ihre Liaison mit dem amerikanischen Schriftsteller Francis Scott Fitzgerald bekannt gewordene Aktrice und Autorin, die in ihrem Buch *A State of Heat* mit größter Freizügigkeit ihre «Erregungszustände» im intimen Umgang mit jüngeren und älteren Filmschauspielern beschrieb, galt in Amerika als bewunderte und gefürchtete «self-made woman». In den Slums von London groß geworden und in einem Waisenhaus lieblos erzogen, hatte sie sich geschworen, unter allen Umständen Karriere zu machen, um nie mehr arm zu sein. Unter Einsatz ihrer «weiblichen Waffen» gelang es ihr als jungem Mädchen, in Hollywoods Prominentenkreisen Fuß zu fassen. Ihren ersten

Zeitungsartikel, das gestand sie offen ein, konnte sie nur deshalb verkaufen, weil sie dem zuständigen Redakteur «sehr viel Bein gezeigt» hatte.

Sheilah Graham unterschied sich in mehrfacher Hinsicht von anderen Klatschkolumnistinnen. Ihre trüben Kindheitserlebnisse und ein früh erwachter Spürsinn für die Schwächen anderer Menschen bereiteten sie optimal auf eine Klatschkarriere vor. Dabei begnügte sie sich nicht damit, Trivialinformationen zu verbreiten, sondern analysierte Hintergründe und Motive der Verhaltensweisen ihrer Klatschobjekte sehr genau. Im Unterschied zu Kolleginnen, die ihr eigenes Privatleben meist sorgfältig abschirmten, deckte Sheilah Graham ihre Intimsphäre ebenso auf wie die der Prominenten, über die sie berichtete.

Ihr gesellschaftlicher Ehrgeiz und ihr unverhüllter Lebenshunger, gepaart mit Anpassungsfähigkeit, Attraktivität und kräftig benutzten Ellbogen, verhalfen ihr zu einer erfolgreichen Karriere. Die Emanzipation der Frau könne, davon war die selbstbewußte Journalistin überzeugt, nur individuell verwirklicht werden. Jede Frau müsse versuchen, es «im Alleingang» zu schaffen. Diese einzelgängerische Erfolgsperspektive bestimmt auch das Ethos vieler anderer Klatschautorinnen: Sie möchten «niemandem auf den Schlips treten», auch «möglichst nicht boshaft» sein, aber dennoch «die Wahrheit sagen», wie es die deutsche Gesellschaftsreporterin Margret Dünser einmal formulierte. Was allerdings die «Wahrheit» ist und über wen sie wieweit mitgeteilt werden darf, das bestimmen letzten Endes die Verlagsherren, die, wie ehedem William Randolph Hearst, dafür sorgen, daß die Nachrichtenverbreitung den Interessen ihres eigenen Hauses nicht schadet.

Die 1980 verstorbene Reporterin Margret Dünser, die jahrelang sehr erfolgreich in ihrer Fernsehsendung «V. I. P.-Schaukel» über das Privatleben von «very important persons» aus aller Welt berichtete und als die «Klatschtante vom ZDF» bezeichnet wurde, gestand in einem Zeitungsinterview, daß diese Titulierung sie kränke: «‹Klatschtante› – das tut etwas weh. Natürlich kommt es immer darauf an, wer das sagt. Privat interessiere ich mich schon sehr für das Thema Klatsch. Aber was ich für das Fernsehen mache, sind Gesellschaftsreports, keine Klatschereien.»

Ihre journalistische Laufbahn begann Margret Dünser als Sprecherin literarischer Sendungen beim Tiroler Rundfunk. 1956 wurde sie Reporterin beim Süddeutschen Rundfunk und wechselte schließlich zum ZDF nach Mainz, wo sie zunächst Modesendungen mit etwas Gesellschaftsklatsch verbrämte und 1970 mit ihren erfolgreichen Gesellschaftsreportagen begann.

Anders als Klatschjournalisten, die für Zeitungen arbeiten und auf der Suche nach Informationen meist auf das angewiesen bleiben, was man ihnen zuträgt, begab sich Margret Dünser in den häuslichen Bereich ihrer Gesprächspartner, die sie sich selbst aussuchte. Zu ihren (vorwiegend ausländischen) Interviewpartnern gehörten Filmschauspieler wie Rita Hayworth, Henry Fonda und Anthony Quinn oder gekrönte Häupter wie Kaiserin Farah Diba und der König von Nepal – einflußreiche und erfolggewohnte Menschen, Repräsentanten der glamourösen Welt. Dem Schauspieler Dustin Hoffman entlockte sie seine heimliche Vorliebe für Marcel Proust, mit Alfred Hitchcock plauderte sie über Sexsymbole, und Rose Kennedy, die greise Mutter des ermordeten amerikanischen Präsidenten, ließ sich von ihr dazu überreden, vor laufenden Kameras ein deutsches Lied zu singen: «Ich weiß nicht, was soll es bedeuten…» Gesellschaftsreports mit einer guten Prise Klatsch.

Deutsche «Hauptstadt des Klatsches» ist angeblich München, und zwar nicht nur deshalb, «weil München die einzige deutsche Stadt ist, in der Klatschkolumnisten ernst genommen werden», wie *Die Zeit* einmal bissig bemerkte, sondern auch, wie die Zeitschrift *Konkret* kommentierte, «weil München die einzige deutsche Stadt ist, in der Klatschkolumnisten genügend zu tun finden».

In Deutschland war lange Zeit die bekannteste Figur unter den Klatschkolumnisten keine Frau, sondern ein Mann: Johann Baptist Obermaier, genannt Hunter. Er arbeitete fast zwanzig Jahre lang für die Münchner *Abendzeitung* und ging dann, für ein «Traumgehalt», wie gemunkelt wurde, 1970 zur *Bild*-Zeitung. Interviews über seine Tätigkeit gab er, anders als seine Kollegen, nur äußerst ungern; Informationen ohne Honorar seien für ihn «brotlose Kunst», erklärte er einmal.

Bei einem Amerika-Aufenthalt kurz nach dem Zweiten Weltkrieg hatte Obermaier in Hollywood den Film- und Gesellschaftsklatsch kennengelernt. Die Idee, etwas Ähnliches auch in Deutschland zu machen, brachte er seiner Zeitung nach München mit. Der Vorschlag fand offene Ohren, und Hunter berichtete von nun an regelmäßig über das süße Leben der High-Society in München, Paris, Rom, St. Moritz und Kitzbühel. In seiner Klatschkolumne «Hunter notiert» fanden sich Namen von Showgrößen und Prominenz aus Wirtschaft und Politik wie Exkaiserin Soraya und Gunter Sachs, Arndt von Bohlen und Curd Jürgens und zahlreiche andere «Salonlöwen», die über genügend Geld und Muße verfügten, um sich auf allen europäischen Amüsierplätzen sehen lassen zu können. Seine Kolumnen ließ Hunter jährlich zu Büchern binden; als der Journalist pensioniert wurde, hatte der gestapelte Klatsch, wie Zeitungen vermerkten, eine Höhe von mehr als zwei Metern erreicht. Die meisten Gesellschaftsnachrichten erfuhr Hunter in seinem «Zweitbüro», wie er es nannte: Jeden Nachmittag ab siebzehn Uhr saß der Kolumnist im Smoking an der Bar des Münchner Nobelhotels «Bayerischer Hof» und ließ sich beim Wodka von ständig kommenden und gehenden Bekannten über das Leben und Treiben der vergangenen Nacht Bericht erstatten. Ein Messingschild informierte platzsuchende Gäste darüber, daß Hunters Barhocker, auch wenn er unbesetzt war, immer für den Journalisten reserviert sei.

Seinen beruflichen Erfolg führte Obermaier vor allem darauf zurück, daß er meist nur das veröffentlichte, was niemandem weh tat. Indiskret wurde er selten, Unangenehmes berichtete er so gut wie nie. «Ich will die Leute nicht verärgern», erklärte er dazu, «das ist schließlich mein Geschäft. Ich säge mir doch nicht den Ast ab, auf dem ich sitze.»

Im Gegensatz zu amerikanischen Klatschkolumnistinnen, die sich erst durch Boshaftigkeit eine größere Aufmerksamkeit sichern konnten, genügte es dem deutschen Klatschjournalisten, private Informationen über Prominente auf harmlos-gefällige Art weiterzugeben. Deutsche Gesellschaftsreports sind ohnehin im allgemeinen weitaus weniger aggressiv, indiskret und freizügig als die entsprechenden Berichte in angloamerikanischen, französischen oder italienischen Medien.

Anders als ihre amerikanischen Kollegen lassen sich Gesellschaftsreporter in Deutschland meist nur ungern mit der Bezeichnung «Klatsch» in Verbindung bringen. Michael Graeter, Obermaiers Nachfolger bei der Münchner *Abendzeitung* und einer der bekanntesten deutschen Klatschreporter, meinte in einem Interview, er klatsche eigentlich gar nicht. Klatsch sei ja unrecherchiertes Nachrichtenmaterial, während er selbst für seine Zeitungskolumnen sehr sorgfältig recherchiere. Auf die Frage, wie er den Inhalt seiner Klatschspalten denn definiere, antwortete er mit dem neutralen Begriff «gesellschaftliche Streiflichter». Auf die Frage, woher er den Stoff für seine Klatschkolumnen nehme, antwortete er freimütig: «Das meiste höre ich beim Friseur, in Nachtlokalen, in Massage- und Saunaräumen, also überall dort, wo man keine Gelegenheit zum Lesen hat, wo Menschen miteinander reden; da entsteht dann aus purer Langeweile Tratsch.» Die beste Zeit für das Sammeln von Klatschinformationen ist für den Journalisten offenbar der späte Abend oder die Nacht. Graeter, der um diese Zeit häufig seine Lokalrunden gemacht hat, beteuert zwar, daß er niemanden, der ihm in angetrunkenem Zustand private Erlebnisse mitteilt, «aufs Kreuz legen» wolle. «Aber wenn mir jemand steckt: ‹Du, paß mal auf, da ist was am Kochen› – dann recherchiere ich das am nächsten Tag und schau, ob eine Story drin ist.»

Laut Umfrage interessiert sich weit mehr als die Hälfte aller Leserinnen und Leser auch für die Klatschkolumne ihrer Tageszeitung. Da nicht jeder gern zugibt, relativ regelmäßig einen Blick in das öffentliche oder Privatleben von Prominenten zu werfen, dürfte die Zahl von ungefähr siebzig Prozent, die meist genannt wird, eher noch überschritten werden. Die kurzen Klatschinformationen, die Graeter unter Überschriften wie «In München sind die Nächte zu kurz» oder «Babyschwemme beim Adel» veröffentlicht hat, wurden jahrelang auch in Buchform präsentiert. In kostspielig aufgemachten, querformatigen Bänden, mit zahlreichen farbigen und schwarzweißen Fotos, auf Hochglanzpapier gedruckt, sind Hunderte von gesammelten Klatschkolumnen als Jahrbücher erschienen. Das Register am Schluß des jeweiligen Bandes erleichterte den potentiellen Käufern die Entscheidung ganz wesentlich: Die Angaben dienten nicht nur dazu, die Fotos und Texte den aufgeführten Personen übersichtlich zuzuordnen, sondern sie zeigten auch, welche Personen besonders häufig bei festlichen Anlässen erschienen und wer von ihnen die besondere Gunst des Kolumnenschreibers genoß. Auffallend war, daß in vielen dieser Klatsch-Jahrbücher die meistgenannten Namen nicht die von Frauen, sondern von Männern waren, unter ihnen ein Politiker, ein Prinz und ein Prominentenschneider.

Deutsche Medien scheinen jedoch die Klatschverbreitung mit einiger Verlegenheit zu betreiben: Klatsch wird meistens unter dezent verhüllenden Umschreibungen wie «Gesellschaftskolumne», «Gesellschafts-Report», «gesellschaftliche Streiflichter» oder betont schlicht als «Personalien» abgehandelt. Vermutlich die Sorge, den Ruf der Seriosität einzubüßen, macht den deutschen Medienklatsch zu einer meist unverbindlich-freundlichen Unterhaltung und scheut im allgemeinen gezielte Boshaftigkeiten. In einigen anderen europäischen Ländern und auch in den USA haben sich bei manchen Medien schon seit Jahren weniger rücksichtsvolle Umgangsformen eingebürgert und werden offenbar aus Gründen der Auflagen- oder Einschaltquotensteigerung von den Verlagshäusern und Sendeanstalten nicht nur geduldet, sondern sogar ermutigt.

Der jahrelange Klatsch aus dem englischen Königshaus hat in den achtziger und neunziger Jahren eine hohe Blüte erreicht. Die Beziehungen zwischen Prinz Charles und Prinzessin Diana wie die zwischen Prinz Andrew und der Herzogin von York, Sarah Ferguson, sind bis in die intimsten Details öffentlich behandelt worden. Abgehörte Telefongespräche, gestohlene Fotos und Privatbriefe der «Royals» haben der gesamten britischen Medienlandschaft eine unendliche Geschichte beschert, die von den einen genußvoll ausgebreitet, von den anderen indigniert zur Kenntnis genommen, immer aber mit höchstem Klatschinteresse konsumiert wird. Die Motive der Klatschverbreiter sind unterschiedlich, sie reichen von Geldgier oder Geltungsdrang über Rachegefühle (wegen einer Kündigung oder einer Nichtbeförderung) bis zur vorgeblichen oder tatsächlich empfundenen Sorge um die Moral.

Im Januar 1995 verbot der Oberste Gerichtshof in London zwei Hausangestellten des britischen Thronfolgers, Enthüllungen über dessen Privatleben in Umlauf zu bringen. Das Gericht ordnete an, daß die ehemalige Hausangestellte von Prinz Charles und seiner Frau Diana, Wendy Berry, alle Tagebücher und sonstige in ihrem Besitz befindlichen Dokumente den Anwälten des Prinzen aushändigen müsse. Der Kammerdiener Ken Stronach kündigte fristlos, nachdem er eingestanden hatte, einer Illustrierten private Informationen über Prinz Charles gegeben zu haben, obwohl in den Arbeitsverträgen der königlichen Angestellten eine Klausel zur Schweigepflicht enthalten ist. Dem Skandalblatt *News of the World* hatte Stronach unter anderem erzählt, er habe oft Grasflecken vom Pyjama des Prinzen entfernen müssen, denn Charles habe seine Ehefrau im Garten der ländlichen Residenz Highgrove mit Camilla Parker-Bowles betrogen, während seine Gattin Diana nichtsahnend im Schloß ihren Mittagsschlaf hielt.

Aber selbst wenn Hofbedienstete schweigen, haben Fotografen, Karikaturisten, Klatschautoren, Reporter und Fernsehteams jede Woche reichlich Material, um die englische Königsfamilie zum Enthüllungsobjekt zu machen. Dazu verhelfen unter anderem die Fotografinnen und Fotografen, die sich auf Geschichten aus dem englischen Königshaus spezialisiert haben und deshalb als «Royal Ratpack», Rattenmeute der Königsfamilie, bekannt sind und untereinander heftig konkurrieren. Als der *Daily Mirror* ein heimlich gemachtes Foto von Prinzessin Diana, breitbeinig im engen Sportdress, zeigte, ereiferte sich die restliche Boulevardpresse über die «unglaubliche Indiskretion» und «Unmoral» des betreffenden Fotoreporters.

Noch Ende der achtziger Jahre hatten seriöse englische Zeitungen ihrer Leserschaft versichert, keine indiskreten Informationen aus dem Königshaus veröffentlichen zu wollen. Inzwischen hat sich das geändert. So untersuchte beispielsweise der *Independent*, ebenfalls unter dem Vorwand einer moralischen Bewertung, wie es um die

Berufsaussichten der «königlichen Schmarotzer», der Königsverwandten, stünde, wenn diese in «normale» Familien hineingeboren wären. Boshaft wurde spekuliert, daß Prinz Edward, der jüngste Sohn der Königin, vermutlich Platzanweiser im Theater oder Motorradkurier für Bühnenmanuskripte geworden wäre. Elizabeths Schwester Margaret, «mit ihrer Schwäche für Gin und Zigaretten», wurde noch schlechter beurteilt: Wenn sie nicht als Königstochter geboren worden wäre, hätte sie wahrscheinlich von der Arbeitslosenunterstützung leben müssen und sich als liederliche Geschiedene samstagabends in Kneipen herumgetrieben.

Mitten in dieser Klatschatmosphäre wird in England immer wieder die Frage nach dem Fortbestand der Monarchie gestellt. Vor allem wird darüber diskutiert, ob Kronprinz Charles der richtige Mann für eine künftige Königswürde sei. Neues Gesprächsmaterial zu diesem Thema bot ein Fernsehfilm im Privatsender ITV, der von dem angesehenen Fernsehjournalisten Jonathan Dimbleby gedreht worden war. Dimbleby hatte den Prinzen anderthalb Jahre lang mit einem Kamerateam bei offiziellen Anlässen und bei privaten Unternehmungen begleitet. Offenbar hatte sich Prinz Charles, um möglichst vielen Spekulationen aus dem Weg zu gehen, dazu entschlossen, sein Leben vor der Nation offenzulegen. Auch die Beziehung zwischen ihm und seiner Ehefrau Diana kam dabei deutlich zur Sprache, und vor aller Augen und Ohren gestand der Thronfolger, wenn auch zögernd, sein intimes Verhältnis mit Camilla Parker-Bowles ein. Ausgerechnet die Boulevardzeitungen, die die kritische Ehesituation des Prinzenpaares ständig zur Zielscheibe ihrer schonungslosen Berichterstattung gemacht hatten, heuchelten nun äußerste Besorgnis um den Bestand des englischen Königshauses und den moralischen Zustand der Nation, die durch das königliche Beispiel gefährdet seien. Der *Daily Mirror* urteilte, Prinz Charles sei «unfähig zu herrschen», und das Massenblatt *Sun*, das die Parker-Bowles-Affäre überhaupt erst zum Gegenstand allgemeinen Intimklatsches gemacht hatte, mokierte sich darüber, wie Charles es wagen könne, «mit seinen Ehebruch-Geschichten in unsere Privatsphäre einzudringen». Das boshafte Spiel mit der verkaufsfördernden Sensation stand hier vor aller angeblichen Moral.

Auch die französische Presse, die gewöhnlich als zurückhaltend galt, ist in den letzten Jahren zusehends «investigativer» geworden. Nicht nur, daß sie den zu erwartenden journalistischen Pflichten nachkam und einige größere Korruptionsfälle aufdeckte. Inzwischen hat sich zumindest ein Teil der Presse an Themen gewagt, die bislang als Tabu galten, zum Beispiel das Privatleben von Politikern. Anfang November 1994 veröffentlichte *Paris Match* mehrere Fotos von der unehelichen Tochter des französischen Präsidenten François Mitterrand. Diese Publikation stieß zwar allseits auf heftige Kritik, aber der Chefredakteur des *Figaro* befürchtete, daß durch die Veröffentlichung ein verhängnisvoller Präzedenzfall geschaffen worden sein könne. «Das Tabu des Privatlebens», schrieb er, «das eine Art ‹französische Ausnahme› war, ist gebrochen und läßt eine neue Attacke auf den Staatschef zu. Die Debatte wird nun, wie in Großbritannien, Einzug halten in die Schlafzimmer oder gar die Toiletten.» Die Zeitung *InfoMatin* meinte, daß die Veröffentlichung nicht etwa aus ethischen, sondern aus gewinnsüchtigen Motiven erfolgt sei; für die Beteiligten sei sie «ein garantierter Jackpot». Und der Präsident des französischen Presseverbandes, Jean Miot, warnte: «Es wäre sehr bedauerlich, wenn unsere Berufsgattung unter dem Vorwand eines heuchlerischen Moralsturms in die Niederungen gewisser angelsächsischer Kollegen absinken würde.»

Eine neue Art von Angst hat sich in unserer Gesellschaft ausgebreitet: die Angst vor der Bloßstellung im Privatbereich. Soziale Kontrolle erfolgt nun auch durch die angemaßte Autorität der Medien, die Angst vor Klatsch fördert die Anpassung an die «herrschenden» Normen.

# *Privatleben und Intimsphäre*

Was drei wissen, erfahren hundert.
*Johannes Agricola*

Klatsch dringt mit Lust in das Privatleben ein, will hinter die Kulissen sehen und Geheimnisse aufdekken, will feststellen und öffentlich machen, wer was warum für sich behalten möchte. Zur Rechtfertigung seiner Enthüllungssucht hat der Klatsch viele Argumente. Persönliche Anteilnahme, menschliches Interesse, mögliche Hilfeleistung sind einige davon, und manchmal stimmen sie sogar. Aber gerade das macht die Ambivalenz des Klatsches aus: Neugier läßt sich oft auch positiv deuten. Und wer sich den zudringlichen Blicken des Nachbarn entzieht, wird eher Schadenfreude als Hilfe bekommen, wenn es ihm einmal schlecht geht. Seit Ende des 19. Jahrhunderts stehen sich zwei Ansprüche gegenüber: der Anspruch auf möglichst umfassende Information und weitestgehende Meinungsfreiheit auf der einen Seite und der Anspruch auf Schutz der Privatsphäre auf der anderen. Der amerikanische Psychologe E. A. Shils betrachtet das Entstehen von «Achtbarkeit» (respectability) bei den aufsteigenden Arbeiterfamilien in den Städten der neuen Industrieländer als einen wesentlichen Faktor in der Entwicklung des Begriffs Privatheit. Anständigkeit, Sparsamkeit und ein geordnetes Familienleben waren angestrebte Ideale in achtbaren Familien. Mit Nachbarn hatte man oft nur den nötigsten Kontakt und schirmte sein häusliches Leben weitgehend vor ihnen ab. Alles, was zum Klatsch in der Umgebung führen konnte, mußte sorgsam vermieden oder vertuscht werden, denn man wußte, daß es überall «Schnüffler» (Nosy Parkers) gab. Begünstigt wurde die Privatheit auch durch die Anonymität des städtischen Lebens, die Entstehung von Kleinfamilien und die wachsende berufliche Mobilität. Hinzu kam, daß die sich ausbreitenden Massenmedien ein starkes Interesse an politischen Ereignissen und an Persönlichkeiten in aller Welt hervorriefen, wodurch das Interesse am Nachbarn mehr in den Hintergrund trat. Shils nennt diese Periode «das goldene Zeitalter der Privatheit».

Je mehr sich aber ein allgemeines Interesse auf Persönlichkeiten in Politik und Gesellschaft richtete, desto ungeschützter lag nun deren Privatleben offen vor aller Augen. Denn der Populärjournalismus ließ sich die Gelegenheit nicht entgehen, sein Publikum durch «sensationelle» Enthüllungen, Skandalgeschichten und Aufdecken privater Affären an sich zu binden und zu vergrößern.

Das Unbehagen über mangelnden Schutz der Privatsphäre beschäftigt seit über hundert Jahren – gefördert durch das Aufkommen des neuen Wissenschaftszweigs der Psychologie – nicht nur Privatpersonen, sondern auch Juristen. Einer der bekanntesten frühen Aufsätze zum Thema Privatheit wurde 1890 unter dem Titel «The right to be alone» von den Juristen Warren und Brandeis in den Vereinigten Staaten veröffentlicht. Anlaß dafür waren, wie man damals vermutete, Enthüllungen der Regenbogenpresse in Boston über persönliche Angelegenheiten der Familie Warren. Zum ersten Mal waren Grundbegriffe wie das Recht auf Privatheit, Immunität, Unverletzbarkeit der Persönlichkeit, Recht auf Persönlichkeitsentfaltung ausführlich diskutiert und definiert worden. Es dauerte allerdings noch Jahrzehnte, bis diese Rechte juristisches Allgemeingut wurden.

Bestand aber nicht die Gefahr, durch psychologische Forschung die schutzwürdige Privatsphäre zu zerstören? Wie privat konnte das Private noch bleiben? Das Recht auf Privatheit ist im Grundgesetz vom 23. Mai 1949 in Artikel 1 und 2 festgehalten. Juristisch unterscheidet man drei Persönlichkeitssphären, die grundsätzlich geschützt werden sollen: die Individualsphäre, die die persönliche Eigenart des Menschen in seinen Beziehungen zur Umwelt (besonders in seinem öffentlichen und beruflichen Wirken) bewahrt; die Privatsphäre, die das Leben im familiären Kreis und das sonstige Privatleben umfaßt; die Intimsphäre, die die Gedanken- und Gefühlswelt mit ihren äußeren Erscheinungsformen (zum Beispiel vertrauliche Briefe oder Tagebuchaufzeichnungen) umfaßt, aber auch alle anderen Angelegenheiten, für die ein Anspruch auf Geheimhaltung besteht.

Aber im Zeitalter der Mikroabhörgeräte, Kleinkameras und der Datenbanken, der Paparazzi und des «investigativen Journalismus» sind solche Schutzbestimmungen oft nur noch Theorie. Computer können beispielsweise eine Vielzahl von an sich belanglosen Einzelinformationen zu einem Gesamtbild verdichten, das mehr aussagt, als die befragte Person vermutet. Wie kann man die Privatheit wirklich achten, wenn man sie gleichzeitig gründlich untersuchen möchte? «Das Aufkommen der Individualität und das damit einhergehende Verlangen nach Freiheit sind begleitet von einer Empfindsamkeit und Offenheit für die Individualität anderer... Die Individualität anderer Menschen erweckt Neugierde... Sie ruft ein Verlangen nach Eindringen in die Privatheit hervor», schrieb E. A. Shils schon 1959.

Die Achtung vor der Unverletzlichkeit der Persönlichkeit und die wissenschaftliche Erforschung des Individuums lassen sich anscheinend ebenso schwer vereinbaren wie Privatheit und investigativer Journalismus. Die ständig verfeinerten Methoden der Wissenschaft und die immer gröberen des Journalismus führen zu immer stärkerem Widerstand des «gläsernen Menschen» gegen seine Durchschaubarkeit. Denn er fühlt sich mehrfach bedroht: Staatliche Behörden, wissenschaftliche Forschung und Massenmedien dringen in Bereiche ein, die er als seine Privatsphäre ansieht. Die Techniken der Datengewinnung kann er nicht durchschauen, geschweige denn kontrollieren.

Der fremde Blick in das eigene Privatleben stößt auf starken Widerstand. Andererseits ist der eigene Blick ins fremde Privatleben von hohem Reiz. Die Neugier will sehen, aber keinesfalls gesehen werden oder, wie es der Sozialwissenschaftler Georg Simmel formuliert hat: «Der ganze menschliche Verkehr ruht darauf, daß jeder vom andren etwas mehr weiß, als dieser ihm willentlich offenbart, und vielfach solches, dessen Erkanntwerden durch den andren, wenn jener es wüßte, ihm unerwünscht wäre.»

Nicht nur heimliche Beobachtung mit «versteckter Kamera», die als «unaufdringlich» kaschiert wird, hat oft einen privatheitsverletzenden Charakter. Auch offene Gespräche, die wissenschaftlichen Zwecken dienen sollen, Zeitungs- oder Fernsehinterviews und Talk-Shows, die vor großer Öffentlichkeit stattfinden und auf den ersten Blick als unverfänglich gelten, können einen Gesprächspartner «bloßstellen». Professionelle Interviewer können mit subtilen oder auch plumpen Mitteln einen ungeschulten Gesprächspartner aus der geplanten Reserve locken, indiskret in die Privatsphäre eindringen und das arglose Gegenüber zu unfreiwilliger Selbstenthüllung zwingen.

Im Zeitalter der Enthüllungen sind Tabus von ehedem durch die Medien schon weitgehend durchbrochen. Sexualität und Ehe, Autorität, Glaubensfragen, Mutterschaft, Alter und Tod sind längst keine Themen mehr, von denen «man nicht spricht». Und mit dem allmählichen Abbau von Tabus wird zur gleichen Zeit Privatleben in zunehmendem Maß öffentlich, teils freiwillig durch autobiografische Berichte oder narzißtische Selbstentblößung, teils unfreiwillig durch Intimklatsch über Prominente und andere Menschen, die sich als vorläufiges Opfer anbieten.

# *Klatsch und erster Eindruck*

Immer soll Raum bleiben für die zweite
Untersuchung...
*Balthasar Gracián*

«Nicht dem ersten Eindruck angehören», mahnt schon im 17. Jahrhundert der spanische Moralphilosoph Balthasar Gracián in seinem berühmten *Handorakel.* «Einige vermählen sich gleichsam mit dem ersten Bericht, der ihnen zu Ohren kommt, so daß alle folgenden nur noch Konkubinen werden können. Da nun aber die Lüge allezeit vorauseilt, findet nachher die Wahrheit keinen Raum. Weder darf unseren Willen der erste Gegenstand, noch unseren Verstand der erste Bericht einnehmen; denn das ist Geisteskleinheit. Manche sind wie neue Gefäße, welche von der ersten Flüssigkeit, sie sei gut oder schlecht, den Geruch behalten. Wird diese Kleinheit des Geistes nun gar bekannt, so ist sie verderblich; denn jetzt wird sie ein Spielraum boshafter Absichtlichkeit: Schlechtgesinnte beeilen sich, den Leichtgläubigen mit ihrer Farbe zu erfüllen.»

Klatsch entzündet sich am Unbekannten, am Fremdartigen, am schwer Greifbaren. Klatsch operiert mit Andeutungen und Teilinformationen; er ergänzt, rundet ab und füllt vorhandene Lücken mit Phantasie aus. Sehr oft genügt bereits der erste Eindruck von einem Menschen oder einer Situation, eine Auffälligkeit, ein vom Gewohnten abweichendes Merkmal, um den Klatschmechanismus auszulösen.

Den ersten Eindruck hält man instinktiv für besonders wichtig. Man weiß auch, daß der erste Eindruck die Urteilsbildung des Gegenübers stark beeinflußt. Wenn jemand sich um eine Stelle bewirbt, bereitet er sich entsprechend darauf vor, um «einen guten Eindruck» zu machen. Bei Leuten, auf deren Urteil man Wert legt, will man «Eindruck schinden». Kinder, die bestimmte Verhaltensnormen nicht einhalten, werden zurechtgewiesen mit den Worten: «Was macht denn das für einen Eindruck!» Und eine vielzitierte Redensart lautet: Der erste Eindruck ist immer der richtige.

Der erste Eindruck ist für die innere Einstellung und das äußere Verhalten vieler Menschen gegenüber einem noch unbekannten Gesprächspartner ausschlaggebend und später nur schwer revidierbar. «Wir gehen davon aus, daß der erste Eindruck ungeheuer wichtig ist», erklärte die Chefin einer Londoner Imageberatung für Rechtsanwälte und nannte dazu auch Forschungsergebnisse: «55 Prozent von uns erinnern sich als erstes daran, wie ein Mensch aussieht und wie er sich gibt, 38 Prozent an seine Redeweise und nur sieben Prozent an das, was er gesagt hat. Der bleibende Eindruck bildet sich schon in den ersten vier Minuten eines Zusammentreffens. Leider ist es auch so, daß sich dieser erste Eindruck in 90 Prozent der Fälle nicht mehr ändert.»

Der Ratschlag des Schweizer Physiognomikers Caspar Lavater, man möge seiner ersten, schnellsten Empfindung immer am meisten trauen, ist weithin gültig und wird, wenn auch wohl meist unbewußt, instinktiv befolgt. Da der erste Eindruck aber nur eine unvollkommene Information liefert, sind Fehleinschätzungen und Mißverständnisse vorprogrammiert. Denn Stereotype wie: lebensfroh, verdrossen, hinterhältig oder intelligent, die wir beim ersten Eindruck als Beurteilungshilfe benutzen, werden uns oft gar nicht als Klischees bewußt. Sie gehören zu unserem durch Erfahrungen wie durch Vorurteile erworbenen Repertoire, und es bedarf erst eines Hinweises von außen oder eines eindringlichen Erlebnisses, um einer neuen, differenzierteren Einstellung Platz zu machen. Dabei ist die Wahrscheinlichkeit groß, daß der Beurteilende bei der nächsten Gelegenheit «spontan» wieder auf seine bisherigen Klischees zurückgreifen wird. Denn Vorurteile sind außerordentlich zählebig.

Kinder lernen von den Erwachsenen, was sie unter «ordentlichem Aussehen», «anständigem Benehmen», «merkwürdig» oder «normal» zu verstehen haben. Was von der Gruppennorm abweicht – auffällige Kleidung oder Frisur, Sprechweise, Mimik oder Gestik –, gilt als «komisch», das heißt: Es darf belacht werden. Das Lächerlichmachen gehört zu den härtesten Formen der sozialen Kontrolle. «Das Lächerliche tötet» heißt eine französische Redensart. Die Angst vor dem Ausgelachtwerden, vor der Blamage, zwingt zur Anpassung an die Maßstäbe der Gruppe in allen Lebensbereichen. Dieser Zwang ist so nachhaltig, daß er häufig alle schöpferischen Eigenimpulse im Keim erstickt, kritische Meinungsbildung verhindert und für «schweigende Mehrheiten» sorgt. Wer «anders als die anderen» ist, wer der allgemeinen Erwartungshaltung nicht entspricht, muß damit rechnen, zum Objekt des Klatsches gemacht zu werden.

Erste Eindrücke bleiben lange haften, auch wenn sie bei weiteren Begegnungen und genauerem Kennenlernen einer Person eigentlich revidiert werden müßten. Aber wie das Vorurteil, das nicht als solches erkannt wird, geschieht auch der erste Eindruck normalerweise nicht völlig bewußt. Wer Wert darauf legt, in seiner Umgebung «einen guten Eindruck» zu machen, muß darauf achtgeben, daß sein Vorstellungsbild nicht nur positiv, sondern auch möglichst eindeutig und klar erkennbar ist. Denn wenn mehrere Deutungsmöglichkeiten gegeben sind, bieten sich Spekulationen und Fehlinterpretationen an, die wiederum den Keim zu Klatschgerede in sich tragen.

Die unbekümmerte Direktheit, mit der Kinder ihre Abneigung ausdrücken, gilt im Erwachsenenalter als unhöflich. Um Aversionen loszuwerden, benutzen Erwachsene Schleichwege wie den Klatsch, den indirekten Angriff, der dem anderen schadet, ohne daß der Angreifer sich zeigt.

Psychologen der University of California untersuchten an mehreren hundert Probanden die Gründe, die dazu führen, daß man gegen bestimmte Menschen auf den ersten Blick eine heftige Ablehnung verspürt. Sie kamen zu dem Ergebnis, daß man Aversionen hat, wenn die betreffende Person entweder an jemanden erinnert, den man nicht leiden kann, oder Eigenschaften zu haben scheint, die man selber hat, aber nicht akzeptieren will, oder in irgendeiner Hinsicht bedrohlich wirkt, sei es im privaten, sei es im beruflichen Bereich.

Das Bild, das man sich auf den ersten Blick von einem fremden Gegenüber macht, wird oft durch Kriterien bestimmt, die einer sachlichen Überprüfung kaum standhalten würden. Wahrnehmung bedeutet ja immer eine Auswahl und deren subjektive Deutung. «Von den vielen Dingen, die wir von den anderen sehen und hören», schreibt der englische Psychotherapeut Ronald Laing in seinem Buch *Interpersonelle Wahrnehmung*, «selektieren wir einige wenige für unser Gedächtnis. Handlungen, die wir für höchst bedeutsam halten, können für andere trivial sein.»

Wahrnehmung steht in engem Zusammenhang mit sozialen und kulturellen Faktoren. Die Erziehung und die ererbte Disposition, die Ausbildung und die individuellen Erfahrungen sind ausschlaggebend für die Art und Weise, wie ein Mensch den anderen wahrnimmt und was er von dieser Wahrnehmung im Gedächtnis behält, vergißt oder auch verdrängt. Ein Mann, der einen Bart trägt, mag zum Beispiel dem einen «abstoßend» und «unappetitlich», dem anderen dagegen besonders «männlich» vorkommen. Bei jungen Männern kann der Bart als «eitel» abgetan oder als «sportlich» und «vertrauenerweckend» angesehen werden. Manchen gilt er als Kennzeichen von «Revoluzzern», anderen einfach als Hilfsmittel zur Vertuschung von kleinen Gesichtsmängeln, wieder anderen als ein stiller Protest gegen die Anpassungsfreudigkeit der «Glattrasierten».

Der Wahrnehmungsvorgang steht zum Klatschmechanismus in enger Beziehung. Tritt einer Gruppe, deren Mitglieder sich der Gruppennorm angepaßt haben, eine Person gegenüber, die dieser Norm aufgrund äußerer Merkmale oder Verhaltensweisen nicht entspricht, so wird durch *Selektion* zunächst einmal festgestellt, welche Gemeinsamkeiten mit und welche Unterschiede zu der Gruppe die betreffende Person aufweist. Als zweite

Wahrnehmungsfunktion setzt die *Gestaltung* ein: Der Unterschied zur Gruppe wird, gegenüber den Gemeinsamkeiten, als dominant und «störend» klassifiziert. Durch die Erwartungshaltung der Gruppe ergibt sich nun eine *Akzentuierung*: Die Anhaltspunkte, an denen sich die Gruppe orientiert, «verselbständigen» sich und bekommen eine größere Dimension; sie färben das Gesamtbild der beurteilten Person. Hieran schließt sich zwangsläufig eine sogenannte *Fixation*, nämlich die Tendenz zur Bekräftigung von Erwartungen: Das Urteil, das über die betreffende Person gefällt worden ist, wird zum Vor-Urteil zunächst gegenüber dieser (da nur eine oder zumindest sehr wenige Eigenschaften oder Merkmale selektiert wurden), dann aber auch gegenüber allen anderen Personen, die ähnliche Merkmale aufweisen. Im allgemeinen folgt auf solche Wahrnehmung einer Abweichung von der Gruppennorm als soziale Bestrafung das «böse Gerede». Mit vorurteilsbeladenem Klatsch «rächt» sich die Gruppe für eine «Andersartigkeit». Gibt die betreffende Person ihr Außenseitertum nicht auf, so kann der Klatsch sich als soziale Ächtung erweisen.

Menschen, die sich durch besondere Klatschfreudigkeit auszeichnen, neigen oft dazu, erste Eindrücke stark zu verallgemeinern und mit Hilfe der Projektion eigener uneingestandener Mängel auf die beklatschte Person eine «Geschichte» zu gestalten, die mit den Tatsachen kaum noch etwas gemein hat. Die relative Unbekanntheit des Gegenübers erregt die Phantasie. Dies entspricht einer allgemeinen Neigung, aus unstrukturierten Teilen ein zusammenhängendes Ganzes, aus Bruchstücken ein Bild zu machen. Ein Beispiel dafür ist die Tatsache, daß das menschliche Auge den gestirnten Himmel in «Sternbilder» aufgliedert, wobei vor allem benachbarte oder einander ähnelnde Gebilde zusammengefaßt und aufeinander bezogen werden. Ähnlich verfährt man gewöhnlich mit einem unbekannten Gegenüber. Die wenigen äußerlich feststellbaren Merkmale verknüpft man mit eigenen Erfahrungen und Vorurteilen und organisiert dies alles zu einer anscheinend zusammenhängenden Form; man «macht sich ein Bild». Durch die Verallgemeinerung und Überbetonung einer bestimmten Eigenschaft kommt es zu dem sogenannten Halo-Effekt (engl. «halo» bedeutet «Heiligenschein», aber auch den «Hof» um den Mond). Durch Einzelmerkmale wird also das Gesamtbild des beurteilten, kritisierten oder beklatschten Menschen auf vereinfachende Weise «eingefärbt».

Der erste Eindruck, das erste Bild, das man durch eine flüchtige Begegnung, ein kurzes Gespräch oder eine zeitlich begrenzte Beobachtung von einem Gegenüber gewinnt, hängt aber nicht allein vom Gegenüber selbst, sondern auch von soziokulturellen Faktoren auf seiten des Beobachters ab. Hinzu kommt, daß die Einstellung des Beobachters zur Situation und zur Person des Beobachtenden stark von der eigenen Gemütsverfassung geprägt wird. Ängstliche Hemmungen, Ärger, Überraschung oder Gelassenheit beeinflussen die Art der Wahrnehmung entscheidend. Sind beide Partner auf Übereinstimmung eingestellt, so wird man sorgfältig alles etwa Trennende vermeiden und statt dessen die Gemeinsamkeiten betonen. Aggressionen entfallen, zumindest vorläufig, und klatschauslösende Faktoren (eine störende «Andersartigkeit», eine «unangenehme Ausstrahlung», eine «komische» Wirkung) sind zunächst nicht gegeben. Spürt man jedoch schon bei der ersten Begegnung «instinktiv» oder «intuitiv» eine Antipathie, so läßt sich mit einiger Sicherheit voraussagen, daß das Gegenüber bei nächster Gelegenheit als Klatschopfer benutzt werden wird, zumindest als solches neu zur Verfügung steht.

In der Gefahr, mißdeutet zu werden und somit Klatsch und Gerüchtebildung ausgesetzt zu sein, befinden sich besonders Menschen, die fast ausschließlich durch erste Eindrücke erfaßbar sind, weil sie sich aufgrund ihrer politischen, wirtschaftlichen oder gesellschaftlichen Stellung einer Persönlichkeitsdeutung weitgehend entziehen, nicht genau erfahren, wie man sie einschätzt und daher auch selten Korrekturen zum Gruppenurteil anbringen können.

Vielbenutzte Zielscheibe für Klatsch, Gerüchte und spekulative Phantasie sind vor allem Schauspieler, Politiker, «Royals» und Milliardäre. Ein anschauliches Beispiel hierfür war der geheimnisumwitterte amerikanische Milliardär Howard Hughes, den fast dreißig Jahre lang niemand außer seinen Leibwächtern gesehen hatte. Um ihn, einen der reichsten Männer der Welt, rankten sich zahllose Gerüchte und Klatschgeschichten, deren Wahrheitsgehalt kaum je nachgewiesen werden konnte.

Seit seinem freiwilligen Rückzug von der Außenwelt lebte Hughes, wie die seriöse englische Wochenzeitung *The Observer* berichtete, in Hotels und Penthouse-Wohnungen, ohne Kalender und Uhren, immer bei heruntergelassenen Rolläden und geschlossenen Vorhängen, um bei seinen täglichen Beschäftigungen völlig ungestört zu sein. Deshalb wußte auch niemand, was er tat; ebensowenig war bekannt, warum Hughes sich überhaupt von der Welt zurückgezogen hatte. Man munkelte von dunklen Geschäften, von Liebesenttäuschungen und von schweren seelischen Störungen. Da die letzten bekanntgewordenen Fotos des einsamen Milliardärs bereits Jahrzehnte alt waren, konnten angebliche Augenzeugen ungestraft behaupten, der «verrückte Amerikaner» habe inzwischen rükkenlanges graues Haar, einen langen grauweißen Bart und Fingernägel von unglaublicher Länge. Bei einem seiner letzten Besuche in London, der durch eine Indiskretion bekanntgeworden war, mieteten sich Reporter und Fotografen mehrerer Zeitungen in und neben seinem Hotel ein, um endlich einmal ein Interview zu bekommen oder wenigstens ein Foto von ihm machen zu können. Aber vergeblich. Der Milliardär ließ sich nicht blicken. Und so gaben sich die Fotografen notgedrungen damit zufrieden, statt seiner die Türen, Fenster und Lifts des Hotels in allen Einzelheiten zu fotografieren, um ihren Lesern wenigstens ein wenig «Aura» zu vermitteln. Ein besonders beharrlicher Reporter fotografierte mehrere Tage lang jeden, der das Hotel betrat oder verließ, und übergab seiner Zeitung schließlich mehr als vierhundert Fotos zur Auswertung mit dem Hinweis, Hughes sei ganz sicher dabei – aber er war's nicht. Auch die vorgeblichen Memoiren des Amerikaners, die ihrem tatsächlichen Verfasser, Clifford Irving, eine Gefängnisstrafe wegen Betrugs einbrachten, basierten auf den beiden wichtigsten Voraussetzungen für Klatsch und Gerücht, die sich auch an anderen Beispielen nachweisen lassen: auf dem Interesse an einer Person oder einer Sache und der Mehrdeutigkeit, die diese Person oder Sache zuläßt.

Der amerikanische Medienforscher Marshall McLuhan glaubte beweisen zu können, daß die gesamte politische Meinungsbildung in der Öffentlichkeit von der Art abhängen kann, wie ein Politiker im Fernsehen auftritt. Seiner Meinung nach hatte John F. Kennedy sich in der entscheidenden Fernsehdiskussion vor den Präsidentschaftswahlen nur deshalb so gut behaupten können, weil er sich – im Gegensatz zu seinem sichtlich erregten Konkurrenten Richard Nixon – «mediengerecht» verhalten habe, nämlich distanziert und überlegen.

Um nicht das Opfer von Klatsch und Gerücht zu werden, achten daher Politiker darauf, daß ihr Image in allen Medien vorteilhaft dargestellt wird, da der Wähler sein Urteil von äußeren Eindrücken abhängig macht, auch wenn er glaubt, der Inhalt des Gesagten beeinflusse seine politischen Entscheidungen.

## *Klatschsucht und Vorurteile*

> Unter zehn Personen, die über uns sprechen, sagen uns neun Böses nach, und die einzige, die Gutes sagt, sagt es schlecht.
>
> *Antoine de Rivarol*

Klatsch und Gerücht, als Ventile für menschliche Ängste und Aggressionen, stehen in enger Beziehung zu einem Abwehrmechanismus, der sich mit ersten Eindrücken, lückenhaften Informationen und groben Verallgemeinerungen zufriedengibt: zum Vorurteil.

Vorurteile sind Ansichten, Meinungen und Erwartungen, die man aus Bequemlichkeit oder mangelnder Einsicht ungeprüft von anderen übernimmt. Diese Voreingenommenheiten haben häufig den Charakter von Normen: Die Zugehörigkeit zu einer Gruppe wird unter anderem durch die Gemeinsamkeit bestimmter Vorurteile dokumentiert. Dies erleichtert zwar einerseits das Zusammenleben der Gruppenangehörigen, schafft aber andererseits andauernde Spannungen und Konflikte mit anderen Gruppen oder Einzelpersonen. Das wurde zum Beispiel lange Zeit im Bereich der Bildung besonders augenfällig: Das Vorurteil, Kinder aus Arbeiterfamilien seien weniger begabt als Kinder der Mittel- oder Oberschicht, erschwerte jahrzehntelang die angestrebte Chancengleichheit. Ähnlich verhält es sich mit dem Farbigenproblem in den USA. Die geringeren Bildungschancen, die man farbigen Minderheiten einräumte, führten konsequenterweise zur Bestätigung des Vorurteils, Farbige seien «minderbegabt». Erst durch beharrliche und erfolgreiche Bemühungen von Minderheiten konnte dieses Vorurteil zumindest teilweise widerlegt werden.

Soziale Vorurteile sind zwar nur ein Teilgebiet der Vorurteilsforschung, doch läßt sich an ihnen besonders gut darstellen, wie Klatsch und Gerüchtebildung durch klischeehaftes Denken begünstigt werden. Eine Möglichkeit der Gruppenbestimmung – und damit auch der Diskriminierung unbeliebter Individuen oder Gruppen – bietet der Begriff der «Andersartigkeit». Den Zwangscharakter des Vorurteils hat Max Frisch parabelhaft in seinem Stück *Andorra* eindrucksvoll gezeigt, in dem überdies die rassistische Voreingenommenheit belastend wirkt.

In seinen Tagebuchnotizen skizziert Frisch die Geschichte eines jungen Mannes, der in Andorra lebte und den die Andorraner für einen Juden hielten. Alle Eigenschaften, die das Vorurteil den Juden andichtet, werden so beharrlich auf den jungen Andri projiziert, bis dieser sich ihnen schließlich anpaßt: «Beispielsweise ihr Mißtrauen gegenüber seinem Gemüt, das ein Jude, wie auch die Andorraner wissen, nicht haben kann. Er wird auf die Schärfe seines Intellekts verwiesen, der sich eben dadurch schärft, notgedrungen. Oder sein Verhältnis zum Geld, das in Andorra auch eine große Rolle spielt: er wußte, er spürte, was alle wortlos dachten; er prüfte sich, bis er entdeckte, daß es stimmte, es war so, in der Tat, er dachte stets an das Geld.»

Andri wird schließlich zum Sündenbock, zum Projektionsträger für alles Negative, das die Andorraner-Gemeinschaft bei sich selbst nicht anerkennen will. Erst nach seiner Hinrichtung wird seine Herkunft offenbar: Er war gar kein Jude, sondern ein Andorraner.

Ganz gleich, ob es sich um ethnische, rassische, nationale oder sonstige Vorurteile handelt – sie können, wie sich an Alltagsbeispielen zeigen läßt, eine «self-fulfilling prophecy» bewirken, eine Prophezeiung, die sich zwangsläufig erfüllt. Bestimmte stereotype Verhaltenserwartungen lösen unter Umständen das ihnen entsprechende Verhalten bei den betroffenen Personen aus. Jemand, der mit Herzlichkeit oder mit Respekt in einer Gruppe aufgenommen wird, hat wenig Mühe, seine guten Eigenschaften zum Vorschein zu bringen. Dagegen ist jemand, dem eine Gruppe Argwohn oder Skepsis entgegenbringt, deshalb oft «befangen» und wird möglicherweise genauso reagieren, wie die Gruppe es erwartet hat.

Von Klatsch und Vorurteil sind nach wie vor auch Minderheiten betroffen, deren Privatleben zu Spekulationen anregt. Ein Beispiel dafür sind die Homosexuellen, die oft in Angst vor öffentlicher Bloßstellung und boshaftem Klatsch leben. Es hilft wenig, wenn ihnen Wohlmeinende versichern, sie seien «eigentlich ganz normale Menschen», denn das, was an ihrem Verhalten nicht mit dem «ganz Normalen» übereinstimmt, wird weiterhin diskriminiert, diffamiert oder als «Krankheitsphänomen» toleriert. Doch selbst das ist fragwürdig. Auf einem Kongreß der American Psychiatric Association in Honolulu stellten mehrere Wissenschaftler fest – unter ihnen der New Yorker Psychiater Irving Bieber –, daß die Krankheitstheorie der Homosexualität nicht haltbar und sozial schädlich sei.

Sie mache aus gesunden Menschen Kranke und diene einer vorurteilsvollen Gesellschaft dazu, Homosexuelle beispielsweise von höheren Positionen auszuschließen.

Keine noch so gutgemeinte Aufklärungsliteratur kann die Neugier befriedigen, die in Sensationslust ausartet, wenn Homosexuelle gar durch strafbare Handlungen in das Licht der Öffentlichkeit geraten. In solchen Fällen wird oft, vor allem in Illustriertenberichten und Boulevardblättern, das Augenmerk weit mehr auf die Homosexualität als auf die strafbare Handlung gelenkt.

Ein Beispiel für das vorurteilsbeladene Klatschinteresse an diesem Thema war ein Mordprozeß in einer norddeutschen Kleinstadt im Sommer 1974. Vor dem Schwurgericht hatten sich zwei Frauen zu verantworten, die den Ehemann der einen durch einen bezahlten Mörder hatten umbringen lassen, weil er der Liebesbeziehung der beiden Frauen im Wege stand. Der Prozeß zog sich über Wochen hin, weil die Richter die beiden Frauen zunächst einmal mehrere Tage ausführlich und ohne Ausschluß der Öffentlichkeit über ihr Intimleben berichten ließen. Weniger der Mord als die Homosexualität stand hier am Pranger. Entsprechend war die Reaktion der Boulevardpresse, die seitenlang alle Details der geschilderten Beziehung auskostete und sie anschließend, selbstverständlich, moralisch verdammte. «Liebe und Haß der lesbischen Frauen», «Abgründe sexueller Verwirrung» lauteten die Schlagzeilen, ohne Rücksicht auf das Recht der Angeklagten auf Schutz ihrer Intimsphäre. Auch in seriösen Zeitungen wurde das Strafverfahren kurzerhand als «Lesbenprozeß» deklariert.

Kein Mord, wohl aber angebliche sittliche Verfehlungen eines hohen katholischen Würdenträgers beschäftigten im Frühjahr 1995 wochenlang die europäische Presse. Einem Bericht der Wiener Zeitschrift *Profil* zufolge hatte der Wiener Erzbischof Kardinal Groer vor mehr als zwanzig Jahren im Knabeninternat Hollabrunn, wo Groer damals als Religionslehrer tätig war, einen Schüler sexuell mißbraucht. Die späte Anschuldigung wurde sofort von mehreren österreichischen Bischöfen empört zurückgewiesen. Eine solche Handlung sei «völlig undenkbar», es gebe dafür keinerlei Anhaltspunkte, und der Vorwurf verstoße «gegen die primitivsten Regeln der Gerechtigkeit». Wer eine so ungeheuerliche Anschuldigung erhebe, sei «eine kranke Seele». Nur der angeschuldigte Kardinal schwieg.

Nach Darstellung von *Profil* hatte der 37jährige Josef Hartmann, Exzögling des Internats Hollabrunn, die Beschuldigung gegen Groer erhoben, da er die damaligen Erlebnisse nie verkraftet habe, sie seien die Ursache für das Scheitern seiner Ehe und für das «verklemmte Verhältnis zur Sexualität» gewesen, das ihn lange beherrscht habe. Er habe sein Wissen aber nicht mehr für sich behalten wollen, als der Kardinal in einem Hirtenbrief zur Fastenzeit die Gläubigen «zur Reinigung der öffentlichen Moral» aufgerufen habe. Dem Hirtenbrief hatte er ausgerechnet das Bibelwort: «Täuschet euch nicht. Weder Unzüchtige noch Götzendiener, weder Ehebrecher noch Lustknaben noch Knabenschänder werden das Reich Gottes erben» als Motto vorangestellt. Zusätzlich belastet wurde der Erzbischof noch dadurch, daß ein weiterer früherer Internatszögling ähnliche Vorwürfe gegen ihn erhob. Als Rechtfertigung für den Enthüllungsbericht nannte *Profil* «Mitgefühl mit dem Opfer Hartmann». Man habe sich erst nach ausgiebiger redaktioneller Debatte für eine Veröffentlichung entschieden.

Die Enthüllung löste viele Spekulationen aus: Einige fragten sich, warum der Bericht gerade zu diesem Zeitpunkt veröffentlicht worden sei, andere vermuteten, daß es weniger um die Person des Erzbischofs Groer als vielmehr um innerkirchliche Auseinandersetzungen gehe, vor allem im Zusammenhang mit der Besetzung von Bischofsstühlen und der Ernennung von «liberalen» oder «konservativen» Weihbischöfen in Österreich, sowie um die Rolle, die der Vatikan dabei spiele. Aber auch publizistische Motive wurden ins Feld geführt, und die aufsehenerregende Titelgeschichte wurde als ein Versuch von *Profil* gewertet, sich gegen den erfolgreichen Konkurrenten *News* zu wehren, der die doppelte Auflagenhöhe hatte. Es war längst unübersehbar geworden, daß beide Zeitschriften sich gegenseitig mit «Enthüllungsknüllern» zu übertrumpfen suchten.

Ob Kardinal Groer sich tatsächlich der ihm vorgeworfenen Verfehlungen schuldig gemacht hat, wurde offiziell weder bestätigt noch dementiert. Der Kardinal äußerte sich öffentlich auch weiterhin nicht zu den Vorwürfen. Die meisten seiner bischöflichen Kollegen äußerten Verständnis für sein Schweigen und betrachteten die Anschuldigungen als Angriff auf «die Kirche im ganzen». In keiner Rechtsordnung, so hieß es, bedeute Schweigen ein Schuldeingeständnis. Der Bischof von Graz, Johann Weber, plädierte allerdings für eine eindeutige Aufklärung des Falles, die Kirche müsse ein «gläsernes Haus» sein.

Nach wochenlangem Schweigen schien sich Kardinal

Groer schließlich zu einer Reaktion durchgerungen zu haben. Aber auch diese blieb undurchsichtig. «Die auf breiter Front massiven, gesteigerten Attacken gegen mich verunsichern und gefährden viele Gutgesinnte und Gläubige», äußerte er in einer Erklärung, die die *Neue Kronen-Zeitung* vorab veröffentlichte. «Deshalb sehe ich mich verpflichtet, Inhalt und Gestalt der gegen mich gerichteten Diffamierung und vernichtenden Kritik zurückzuweisen.» Ein Schuldeingeständnis war damit nicht verbunden.

Vier Wochen später, Anfang Mai 1995, gab der Kardinal noch einmal eine Erklärung ab. Aber weiterhin schwieg er über die tatsächlichen Vorfälle. Kein Mensch könne sich gegen Anschuldigungen, wie sie in letzter Zeit gegen ihn erhoben worden seien, wirksam zur Wehr setzen, meinte Groer wiederum ausweichend. Deshalb bleibe ihm keine andere Wahl als das Schweigen. All jene, für die dieses Schweigen unerträglich geworden sei, bitte er um Verzeihung. Den anderen, die sein Schweigen mit Vertrauen ertrügen, danke er. Jeder ehrliche Mensch, so räumte Groer immerhin ein, müsse zugeben, daß er nicht unfehlbar sei; ein solcher Anspruch wäre anmaßend.

Wer dies allerdings nun doch noch für ein latentes Geständnis gehalten hatte, sah sich getäuscht. Das Sekretariat des Erzbischofs beeilte sich, nachträglich zu versichern, daß die Erklärung des Kardinals nicht etwa als Schuldbekenntnis aufgefaßt werden dürfe.

Eindeutiger als der Kardinal reagierte der Vatikan: Er gab dem Wiener Erzbischof, der aus Altersgründen bereits vor der Affäre seine Rücktrittserklärung eingereicht hatte, einen jüngeren Koadjutor zur Seite, der anstelle von Groer die Geschäftsführung der Erzdiözese übernahm.

Ob der hohe kirchliche Würdenträger mit seinem Schweigen der Kirche mehr geschadet als genützt hat, ist nicht festzustellen. Für Klatsch und Vorurteil ist dieses Schweigen allerdings Gold. Denn wo auch nur ein vager Verdacht besteht, wuchert die Klatschphantasie, und bestehendeorurteile brauchen nicht überprüft zu werden.

Vorurteile ersparen die Mühe des Denkens. Dadurch, daß man den Angehörigen einer Gruppe bestimmte negative Charaktereigenschaften oder Verhaltensweisen zuweist, enthebt man sich der Anstrengung einer sorgsamen Differenzierung. Verallgemeinerung, kategorische Ablehnung, «Schubladendenken» geben ein Gefühl von Sicherheit. Sie stärken damit offenbar das Selbstvertrauen und vertiefen das Vertrauen in die Macht der eigenen Gruppe.

Ein weiterer Grund für die Entstehung und Zählebigkeit von Vorurteilen ist – neben der Bequemlichkeit, die das vorurteilshafte Denken bietet – die Erfahrung, daß jede soziale Einheit, von der Familie über den Sportclub und die Berufsgruppe bis zum Staat, aufgrund gemeinsamer «Gegner» einen festeren Zusammenhalt findet. Dem römischen Wahlspruch «Divide et impera», «Teile und herrsche», folgend, empfahl schon im 16. Jahrhundert Niccolò Machiavelli, eine Gruppe oder einen Staat dadurch zu festigen, daß man für einen Feind sorge. Fremdgruppen werden, zum Schutz des eigenen Bereichs, immer gern mit Vorurteilen belastet, an die sich im privaten Kreis oft der Klatsch anschließt.

Die Odyssee eines farbigen Amerikaners, der als Schriftsteller in Europa arbeiten wollte, illustriert diese Erfahrung. In seinen Aufzeichnungen *Bern Book* schildert

Vincent O. Carter, wie er nach Monaten vergeblicher Wohnungssuche in München, Paris und Amsterdam schließlich in die Schweiz kam und dort lange Zeit isoliert, verzweifelt und kümmerlich sein Leben fristete. Auch in der Schweiz hatte Carter zunächst große Schwierigkeiten gehabt, ein Zimmer oder eine kleine Wohnung zu finden. Auf seine Frage, weshalb es für ihn so schwierig sei, eine Unterkunft zu bekommen, antwortete ihm ein junges Mädchen, das im selben Haus wohnte, Farbige würden wegen ihres exzessiven Liebeslebens für gefährlich gehalten. Sie erzählte ihm ein wildes Gerücht, das seit langer Zeit in Bern und Umgebung umlief: Eine junge Schweizerin habe sich einmal, so hieß es, in einen Schwarzen verliebt, und beide hätten sich oft heimlich in seiner Wohnung getroffen. Als die junge Frau mehrere Tage nicht mehr gesehen worden sei und auch niemand von dem Farbigen etwas gehört hatte, brach man die Wohnung des Mannes auf. Man fand das Paar tot im Bett liegend, so eng vereint, daß es nicht mehr getrennt werden konnte. Es mußte in einem einzigen Sarg beerdigt werden. Dieser denkwürdige Fall der Schweizer Kriminalgeschichte habe die Angst vor dem «Fremdartigen» geschürt.

Vincent Carter gelang es immerhin doch noch, in Bern eine kleine Wohnung zu finden. Aber dieser eher erheiternde «Kriminalfall» läßt auch an Minderheiten denken, für die Klatschgeschichten und Gerüchte existenzbedrohend sein können, zum Beispiel ehemalige Strafgefangene. «Wer einmal lügt, dem glaubt man nicht, und wenn er auch die Wahrheit spricht» – diese schon von Kindern zitierte Redensart offenbart die unnachsichtige Härte einer Moral, die nicht nach Hintergründen fragt, sondern ein einmal ausgesprochenes Verdikt beharrlich weiterpflegt.

Für Vorbestrafte besteht oft keine wirkliche Chance für ein «geordnetes» Leben. Denn nach der strafrechtlichen folgt meist die soziale Bestrafung. Unter der Überschrift: «Wer einmal drin war, ist draußen gestorben» schildert ein Zeitschriftenreport über sozial benachteiligte Gruppen in Deutschland, wie Vorbestrafte durch das Gerede von Nachbarn, durch Vorurteile von Vorgesetzten oder durch bösen Tratsch von neuen Kollegen um einen glücklich erworbenen Arbeitsplatz gebracht werden, keine menschenwürdige Wohnung bekommen und ständig das verstohlene Getuschel der anderen über sich ergehen lassen müssen.

Ein Buchbinder, der zwei Jahre in einer Strafanstalt gesessen hatte, bekam zwar nach seiner Entlassung aus dem Gefängnis eine Anstellung in einem grafischen Betrieb. Aus Angst, den Arbeitsplatz zu verlieren, unterließ er es aber, seinen Arbeitgeber über seine Vorstrafe zu informieren. Als dieser kurze Zeit später durch einen anonymen Hinweis davon erfuhr, wurde der junge Mann sofort wieder entlassen. Wenig später saß er erneut im Gefängnis, wegen Scheckfälschung. «Ich mußte doch irgendwie meine Miete bezahlen», antwortete er auf die Frage des Richters nach dem Grund für den Betrug.

Ein Elektriker, der nach zwei Monaten Haft aus dem Gefängnis entlassen worden war, berichtete, wie die Behörde seines Heimatdorfes ihn anschließend behandelt hatte: «Man wies mir und meiner Familie eine Baracke mitten im Wald zu, ohne Licht, ohne Heizung. Das Wasser mußte ich mir aus einem Forellenteich holen.» Auch dieser Mann saß bald wieder im Gefängnis. Er hatte ein Portemonnaie gestohlen, «weil ich doch bei dem ganzen Schlamassel meine Familie ernähren mußte», wie er sich rechtfertigte.

Einem Maschinenschlosser, der nach Verbüßung einer vierjährigen Haftstrafe entlassen wurde, erklärte beim Arbeitsamt ein Sachbearbeiter: «Bei Adolf hätte man dich an die Wand gestellt.» Der vorbestrafte Mann bekam zwar eine Arbeitsstelle, aber durch die Indiskretion eines Landgerichtsangestellten erfuhren eines Tages sämtliche Mitarbeiter der Firma von der Vorstrafe, von der bisher nur der Firmenchef gewußt hatte. «Alle standen in Gruppen herum, zeigten auf mich, tuschelten, und ich hörte das Wort ‹Zuchthäusler›. Da bin ich abgehauen.»

Die Gesellschaft braucht Feindbilder, Sündenböcke. Sie sucht sie dort, wo sie am leichtesten zu finden sind, und nimmt in Kauf, daß die soziale Ächtung oft bei weitemas Maß des Schadens überschreitet, den der Vorbestrafte mit einer früheren Verfehlung angerichtet hat. Sündenböcke sind «für die innere Ökonomie der Mehrheit ein außerordentlich wichtiges Haßobjekt», heißt es bei Alexander Mitscherlich. Für Vorbestrafte selbst wird die Angst vor ständiger sozialer Ächtung und diffamierendem Klatsch zu einer enormen Belastung. Wenn sie nicht, wie in den geschilderten Fällen, ihren Arbeitsplatz verlieren oder aus einer Notlage heraus wieder straffällig werden, müssen sie zumindest damit rechnen, «Sündenböcke auf Lebenszeit» zu werden. «Wenn etwas wegkommt, werde ich sofort verdächtigt», erklärte ein vorbestrafter Arbeiter, der sich weigerte, in einem Bürohaus als

Putzhilfe angestellt zu werden. Und eine Bewährungshelferin berichtete von einem ihrer Schützlinge, dessen unbescholtener Kollege Diebstähle beging und sie dann auf den Vorbestraften abwälzte. Eine gesellschaftliche Minderheit büßt auf diese Weise, über die strafrechtliche Verurteilung hinaus, für Fehler der Mehrheit und sorgt dadurch für deren «psychische Entlastung».

Mit jahrhundertealten Klischeevorstellungen belegt werden immer noch, wenn auch meist uneingestanden, die Frauen. Für männliche Vorurteile und Männertratsch sind vor allem berufstätige Frauen ein dankbares Objekt. Materiell zeigt sich das häufig immer noch daran, daß Frauen trotz gleicher Arbeitsleistung und Belastung oft schlechter bezahlt werden als Männer. Wenn Frauen erfolgreicher sind als männliche Kollegen, so äußert sich Neid oft in der Verbreitung von Gerüchten und Vorurilen über deren Verhalten: Die Innenarchitektin habe sich nur durch persönliche «Beziehungen» große Aufträge erschlichen; die Schauspielerin B. sei, um ihrer Karriere willen, mit jedem greifbaren Regisseur ins Bett gegangen; die Politikerin C. sei «völlig vermännlicht» und vernachlässige wegen ihres beruflichen Ehrgeizes ihre Familie, eine andere dagegen fange «immer gleich an zu heulen», wenn es schwierig werde; die Zeitungsredakteurin D. könne sich nur durch massiven Gebrauch ihrer Ellbogen und ständige Intrigen durchsetzen, sei aber eigentlich für den Beruf völlig unbegabt.

Einen Beweis dafür, daß Klatsch kein spezifisch weibliches Merkmal ist, bot der Glossenschreiber einer Schweizer Wochenzeitung in einem lokalpolitischen Artikel. Objekt der Attacke war eine Gemeinderätin, die sich seit langem für eine stärkere politische Aktivität der Frauen eingesetzt hatte, tat- und wortkräftig für die Belange von sozial Schwächeren eingetreten war und sich nebenher noch als Jugendbuchautorin betätigt hatte, kurz, eine Frau, die als «typische Emanze» angegriffen werden konnte. Allerdings fehlte der durchaus modebewußten Politikerin deutlich die «vermännlichte» Note, die das Klischee vervollkommnet hätte.

Der Glossenschreiber versuchte nun, unter Anspielung auf das gepflegte Äußere der Gemeinderätin, ihr politisches Engagement als Ausdruck weiblicher Eitelkeit und Geltungssucht zu diskreditieren. «Die platinblonde Gemeinderätin mit der tizianroten Weltanschauung», so hieß es sehr farbig, erscheine «mit schöner Regelmäßigkeit an der Spitze jedes Demonstrationsgrüppleins, das gegen Establishment und Bourgeoisie revolutionär zu Felde zieht». Die Anwendung eines demokratischen Grundrechts, nämlich freie Meinungsäußerung in Form einer Demonstration, konnte der Schreiber seiner politischen Kontrahentin nicht gut streitig machen. Aber er konnte die ihm offenbar nicht genehme, lästige Aktion ins Lächerliche zu ziehen versuchen. So wich er im kurzen Text dreimal auf ein äußeres Merkmal aus, das bei vielen seiner männlichen wie weiblichen Leser ein affektives Vorurteil auslösen konnte: «platinblond» – damit war ganz sicher «unecht» gemeint. Nachdem der Schreiber noch «unserer Lokal-Jeanne-d'Arc» vorgeworfen hatte, sie interpretiere politische Texte nach eigenem Gutdünken und reagiere auf Angriffe überempfindlich (auch wieder eine ausgesprochen «weibliche» Eigenschaft) – denn die Kampagne, von der sie rede, existiere «lediglich in dem hübschen Blondkopf der adretten Gemeinderätin» –, schloß er seinen Artikel mit der süffisanten Anspielung auf die angeblich bloß feminine Gefallsucht: «Fürchtet sich die blonde Doris wirklich davor, daß Presse, Publizisten und Parteien haufenweise über sie herfallen könnten? Oder hofft sie es?»

Auch «witzige» Bemerkungen können also, wie man sieht, als Transportmittel für Klatsch und Vorurteile dienen. Niemand ist frei von Vorurteilen. In einer Untersuchung über das Wesen des Vorurteils bezeichnet der amerikanische Psychologe Gordon W. Allport Menschen, bei denen sich ein Zusammenspiel von ausgeprägter Sehnsucht nach Entschiedenheit, Sicherheit und Autorität zeigt, als «vorurteilshafte Persönlichkeiten». Menschen, die sich aus unterschiedlichen Gründen bedroht fühlen, entwickeln, wie Allport feststellte, in allen Bereichen ihres Lebens ähnliche Verhaltensformen und Anpassungsmuster. Ein wesentlicher Zug dieses Anpassungsschemas ist die Repression: Alle Konflikte, die die betreffende Person nicht bewältigen kann, werden von ihr ganz oder teilweise unterdrückt, vergessen oder verdrängt. Diese Unterdrükkung erzeugt aber ein schlechtes Gewissen und damit neue Unsicherheit, die wiederum neue Vorurteile, Sündenböcke, Projektionen und Aggressionen hervorruft.

Wie sehr einem Menschen geschadet werden kann, wenn irrationale Ängste seiner Umgebung sich auf ihn konzentrieren und politische Gegner sich die Vorurteile gegen ihn zunutze machen, zeigte der Fall des Schweizer Kunsthistorikers und Philosophen Konrad Farner. Farner, der aus einer gutbürgerlichen Luzerner Familie stammte, beschäftigte sich schon während seiner Gymnasialzeit mit dem Spannungsverhältnis zwischen Marxismus und Christentum. Da er sich später offen zum Marxismus bekannte, war es für seine politischen Gegner leicht, die Vorbehalte seiner konservativen Wohngemeinde gegen ihn zu mobilisieren, was 1956 zu dem «Pogrom von Thalwil» führte. Im November jenes Jahres waren die Bewohner des kleinen Ortes bei Zürich durch hetzerische Zeitungsartikel derart gegen Farner aufgebracht worden, daß einige versuchten, das Haus des Gelehrten zu stürmen und in Brand zu stecken. Im letzten Augenblick griff die Polizei ein und errichtete einen hohen Schutzzaun um das Haus, allerdings nur, wie es hieß, um die Nachbarhäuser vor einem Brand zu schützen.

Derart «eingesargt», lebte Farner mit seiner Familie zehn Jahre lang wie ein Aussätziger in seiner Umgebung. Seine Frau traute sich nicht mehr, im Dorf einkaufen zu gehen, seine Kinder wurden in der Schule angegriffen, und Farner selbst, dem immer wieder Tätlichkeiten angedroht wurden, konnte nur noch heimlich durch einen Hintereingang das Haus verlassen. Seine Bücher fanden in der Schweiz keine Verleger, und eine andere Wohnung zu bekommen war dem «berüchtigten Kommunisten» ebenfalls unmöglich. Erst Ende der sechziger Jahre ließ die Diffamierungswelle nach, und man begann, sich sachlich mit Farners theologischen, politischen und kunsttheoretischen Arbeiten zu beschäftigen. Als eine Art Wiedergutmachung bot ihm dann die Universität Zürich 1972 einen kunstgeschichtlichen Lehrauftrag an.

Theodor W. Adorno hat den Zusammenhang zwischen autoritärer Erziehung, innerer Abhängigkeit, Voreingenommenheit und dem Glauben an Autoritäten, der Bewunderung der Macht aufgezeigt. Der innere Konflikt zwischen einem unsicheren Ich und einem autoritären Über-Ich erzeugt Aggressivität, die sich darin äußert, daß der Betreffende nicht sich selbst, sondern andere Menschen mit Hilfe stereotyper Vorurteile «bestraft». Zwischen den Anlässen für Klatsch und den Ursachen für Vorurteile besteht ein hohes Maß an Übereinstimmung. Die vorurteils- und klatschbereite Einstellung einer «Wir-Gruppe» kann zu unmenschlichen Wirkungen gegenüber Angehörigen von «Fremdgruppen» führen.

# *Mobbing*

Wenn du Kollegen hast, brauchst du keine Feinde.

*Sprichwort*

Ein altes Thema, ein neuer Begriff: Mobbing, die Fortsetzung des Klatsches mit brutaleren Mitteln. Das englische Verb *to mob* bedeutet: über jemanden herfallen, sich auf jemanden stürzen oder auch jemanden (zum Beispiel einen Prominenten) «belagern». Seit das Wort vor einigen Jahren als fester Terminus für Psychoterror am Arbeitsplatz in Umlauf gesetzt worden ist, beschäftigen sich Universitäten, Arbeitspsychologen und Psychotherapeuten gezielt mit dieser Form der Kollegen-Unterdrückung, ihren Tätern und Opfern.

Im Frühjahr 1990 hatte der Arbeitspsychologe Heinz Leymann, ein gebürtiger Deutscher, der seit vierzig Jahren in Schweden lebt, bei einer internationalen Arbeitsschutzkonferenz in Hamburg vor der deutschen Presse zum ersten Mal über sein Forschungsgebiet, Mobbing am Arbeitsplatz, berichtet. Leymann war bis 1990 Forschungsleiter am schwedischen Reichsinstitut für Arbeitswissenschaften und hat inzwischen die erste Klinik für Mobbing-Opfer gegründet, die von ihm selbst geleitet wird. Der von Leymann geprägte Begriff «Mobbing» machte in den Medien schnell die Runde, und bald deckten Zeitungen und Zeitschriften in Deutschland eine große Anzahl von Mobbing-Fällen auf, die denen entsprachen, die Leymann aus Skandinavien mitgeteilt hatte.

«Mobbing hat nichts mit der Persönlichkeit des Opfers zu tun. Es geschieht massenhaft, und es kann jeden treffen», schreibt Leymann, der in einer Studie mehrere Fälle von Mobbing schildert, die auch in der deutschen Presse aufgegriffen worden sind. Da war zum Beispiel eine junge Frau namens Claudia, über die der *Stern* berichtete. Claudia war schwanger und freute sich sehr darüber, aber ihre Kollegin und Duzfreundin schien wenig erfreut zu sein, sondern machte ihr Vorwürfe: «Wie hast du dir das denn gedacht? Jetzt kann ich die ganze Arbeit allein machen, und der Chef muß für dich auch noch blechen!» Auch andere Kollegen fingen an, über Claudia schlecht zu reden. Wenn sie einen Raum betrat, verstummten die Gespräche. Sie wurde höchstens mit bissigen Bemerkungen bedacht oder mit anonym aufgeklebten Zetteln geärgert, auf denen beispielsweise stand: «Kauf dir ein anderes Parfüm, du stinkst!» Claudia vermutete, man habe sie mit diesen Anwürfen dazu provozieren wollen, auf ihren Mutterschutz zu verzichten.

Die Zeitschrift *Psychologie heute* gab den Bericht eines Angestellten aus Düsseldorf wieder, der unter der ständigen Herabsetzung durch seine Kollegen litt. Wenn er in der Firma Vorschläge machte, erntete er nur Schweigen oder Gesten der Mißachtung. Er lieferte seine Arbeiten ab, erhielt aber keine Rückmeldung, man kritisierte ihn nicht offen, aber man lobte ihn auch nicht für seine Leistungen. Immer wieder empfand der Mann, daß seine Kollegen ihn mieden und ihm stillschweigend klarmachen wollten, daß er ein Versager sei.

*Der Spiegel* berichtete über einen promovierten Wissenschaftler in Süddeutschland, der in einem Verlag angestellt war. Die Kollegen hielten ihn für homosexuell, und jeden Tag legte jemand ihm heimlich Fotos von nackten Frauen auf den Schreibtisch. Da der Mann vor zwanzig Jahren aus Sachsen gekommen war und seine Dialektfärbung noch nicht ganz abgelegt hatte, wurde er ständig nachgeahmt und mehr oder weniger verstohlen ausgelacht. Schließlich ertrug er diese feindselige Atmosphäre nicht mehr und kündigte.

Aus Leymanns Studie und aus den Publikationen anderer Arbeitspsychologen geht hervor, daß die Aufmerksamkeit, die dem Psychoterror am Arbeitsplatz neuerdings vermehrt entgegengebracht wird, für die Opfer hilfreich sein kann. Wer bislang nur still unter der quälenden Situation litt und vielleicht sogar mit psychosomatischen Beschwerden wie Migräne, Herzrhythmusstörungen oder Magenkrämpfen darauf reagierte, erfährt nun durch die Vielzahl der bekanntgewordenen Fälle, daß er mit seinen Problemen keineswegs allein ist, sondern daß ungefähr eine Million Berufstätige in Deutschland unter Mobbing leiden. Noch wichtiger aber ist die Erkenntnis, daß die Ursachen für die quälende Situation meist nicht in erster Linie bei dem «schwierigen Mitarbeiter» liegen, der als «Querulant» den Betriebsfrieden stört, sondern häufig in der Firmenstruktur und in unzureichender Personalführung.

«Die meisten Mobber sind Bosse», heißt es denn auch in einem Zeitungsbericht über eine Universitätsstudie zum Psychoterror in deutschen Firmen. In Schweden leiden, wie eine Untersuchung ergab, etwa 3,5 Prozent der

Beschäftigten unter dieser Art von Stress am Arbeitsplatz. In Deutschland dürften es noch mehr sein, glaubt Dieter Zapf, Professor für Arbeits- und Organisationspsychologie an der Universität Konstanz, unter dessen Leitung die erste empirische Studie über Mobbing in Deutschland entstand.

Über Zeitungsannoncen und Selbsthilfegruppen suchten die Wissenschaftler den Kontakt zu Mobbing-Opfern. Die Forscher waren überrascht über die große Zahl von Berufstätigen, die, zum Teil mit gravierenden Folgen, Mobbing ausgesetzt sind. Mobbing trifft nicht nur neue Mitarbeiter in einer Firma, sondern häufig auch altgediente Kräfte. Zielscheibe des Mobbing kann jeder werden. «Das Opfer muß nur etwas haben, das sich irgendwann zur Stigmatisierung eignet», stellte Dieter Zapf in seiner Studie fest. «Solche Merkmale lassen sich bei fast allen Menschen finden: Zum Beispiel besonders attraktiv oder häßlich, besonders fleißig oder faul.» Mobbing sei als «extreme Form von sozialen Stressoren» zu betrachten, die zu beträchtlichen gesundheitlichen Schäden wie Bluthochdruck, Schlafstörungen, Kopfschmerzen, aber auch Depressionen und Angstzuständen führen können. Wer sich massiv gegen Mobbing wehre, werde gewöhnlich aus der Firma hinausgeworfen oder zu einer unfreiwilligen Kündigung gezwungen. Das Problem kann oft nur durch psychotherapeutische Hilfe gelöst werden oder aber dadurch, daß die Leitung der Firma wechselt, weil sich genügend Kollegen gegen ein Mobbing «von oben» zur Wehr setzen.

Nach Auffassung des Arbeitspsychologen Zapf ist das Verhindern von Mobbing Aufgabe der Führungskräfte einer Firma. Aber leider seien gerade in dieser Schicht viele Mobber zu finden, weil sie entweder kostensparend Stellen abbauen wollen oder, aus Angst um ihre eigene Stellung, kompetente Mitarbeiter durch Mobbing bekämpfen oder aber, weil sie ganz einfach ihrer Aufgabe nicht gewachsen sind und für ihre eigene Unsicherheit und Unzufriedenheit ein Ventil brauchen und deshalb andere Personen als Zielscheibe benutzen.

Klatsch sei in jedem Unternehmen an der Tagesordnung, heißt es in einer anderen Untersuchung über die Atmosphäre in Betrieben. Aber Mobbing sei eine systematische, oft langanhaltende Quälerei, die mit Informationsentzug beginne und mit Rufmord weitergehe. Intrigen werden, laut einer Infas-Umfrage, von siebzig Prozent der Befragten als Ursache für ein schlechtes Betriebsklima genannt. Hochrechnungen ergeben, daß mindestens acht Millionen Frauen und Männer in Deutschland schon unter Intrigen von Kollegen gelitten haben. Für Mobbing-Opfer bietet die 1992 eröffnete Psychotherapie Abteilung des «Waldsanatoriums» im westfälischen Bad Lippspringe Hilfe an. Das Sanatorium, das sich auf die Erkenntnisse stützt, die Heinz Leymann in Schweden gewann, betreute in einem Pilotprojekt zunächst zehn Angehörige der Bundeswehr, von denen fünf eindeutig Opfer des Mobbing geworden waren und mit entsprechenden Störungen in die Klinik kamen.

In einer «Drei-Schritt-Therapie» werden die Kranken wieder für das Berufsleben fit gemacht. Michael Becker, Neurologe und Psychiater im «Waldsanatorium», versucht mit seinen Mitarbeitern zunächst, das Selbstvertrauen der Patienten wieder aufzubauen. Danach lernt der

Patient, sich zu entspannen und die Streßfaktoren selbst abzubauen. Die Behandlung, die vier bis sechs Wochen dauert, wird von einem Sportprogramm und autogenem Training begleitet und erfreut sich großen Zuspruchs.

Auf diese Weise ist Mobbing inzwischen auch ein Thema für die Krankenkassen geworden. Wie bei einer Konferenz von Arbeitspsychologen, Krankenkassenmitarbeitern und Gewerkschaftlern 1993 in Hamburg erklärt wurde, wird der wirtschaftliche Verlust durch krankheitsbedingte Ausfälle von Mobbing-Opfern auf etwa 30 Milliarden Mark jährlich geschätzt. Wie der Sprecher einer großen Krankenversicherungsgesellschaft erklärte, geht etwa jeder sechste Selbstmord auf Mobbing im Betrieb zurück.

Daß Alkoholismus, Tablettensucht oder «innere Kündigung» Symptome des weitverbreiteten Phänomens Angst am Arbeitsplatz sind, hat auch ein Team von Betriebswirtschaftlern und Soziologen in Köln festgestellt. Unter Leitung von Winfried Panse, Professor für Betriebswirtschaft und Personalführung an der Kölner Fachhochschule, sind die Forscher in ihrer Untersuchung zu dem beklemmenden Schluß gekommen, daß Willkür, unpersönliche Atmosphäre und Versagensängste für Dauerstress sorgen.

Nicht nur Mangel an Anerkennung, sondern sogar gezielte Demontage schaffen in vielen Unternehmen ein Betriebsklima, in dem «nur Jasager und Duckmäuser überleben können». Aus Angst vor persönlichen Nachteilen, Karriereknick und Jobverlust wagen viele Mitarbeiter nicht einmal, ihre Meinung zu sagen, geschweige denn Kritik an Vorgesetzten zu üben.

Aber auch die Vorgesetzten selbst, denen häufig das systematische Mobbing angelastet wird, sind nicht frei von Existenzängsten. Laut einem Bericht der Wochenzeitung *Die Woche* vom April 1995 sind bei Firmenchefs und leitenden Angestellten solche Nöte sogar besonders ausgeprägt: In den strategischen Planungsabteilungen, deren Aufgabe es ist, die Unternehmen auf die Zukunft vorzubereiten, befürchtet jeder fünfte Manager sogar große Nachteile, wenn er sagt, was er denkt. Ihre eigenen Ängste geben die Chefs konsequent nach «unten» weiter. Führungsdefizite im Management, so zeigt Winfried Panses Kölner Studie, behindern neue Produkte und Dienstleistungen und gefährden letztlich die Wettbewerbsfähigkeit der gesamten deutschen Wirtschaft. Nach Panses Hochrechnung kostet dieser Teufelskreis die Unternehmen jährlich etwa 100 Milliarden Mark.

Unter dem Titel «Angst essen Gewinne auf» zitierte *Die Woche* in einem Artikel über Führungsfehler und Milliardenverluste sowohl verunsicherte Mitarbeiter als auch einsichtige Topmanager. Befragungen in vielen Betrieben ergaben, daß 39,4 Prozent der Firmenmitarbeiter befürchten, ein Kollege bedrohe ihren Arbeitsplatz, 31,1 Prozent Angst davor haben, sich vor Kollegen oder Vorgesetzten zu blamieren, und 94,2 Prozent sich ärgern, wenn ihre Leistung nicht ausreichend anerkannt wird. Boshafter Klatsch oder gezieltes Mobbing am Arbeitsplatz tut dann ein übriges, um aus tatkräftigen Menschen Nervenbündel zu machen. Mit seiner Studie hat Winfried Panse, der mehrere Jahre lang Personalchef eines amerikanischen Großunternehmens war, nachdrücklich bewiesen, daß Angst nicht nur das psychische Problem einzelner Menschen ist, sondern infolge der Leistungsminderung durch Alkohol und Medikamenteneinnahme auch beträchtliche volkswirtschaftliche Schäden nach sich zieht.

Im Jahre 1994 wies das Bundesgesundheitsamt (BGA) nach, daß etwa fünf Prozent der über 28 Millionen westdeutschen Berufstätigen (d. h. 1,43 Millionen Arbeitnehmer) Alkoholiker seien. Doppelt so viele sind suchtgefährdet. Viele trinken sogar am Arbeitsplatz, um Probleme zu bewältigen. Der amerikanische Wirtschaftswissenschaftler und Nobelpreisträger Gary S. Becker ist, wie viele seiner Kollegen, davon überzeugt, daß der Mißbrauch von Drogen und Alkohol vor allem mit innerer Unsicherheit und der Angst vor Kollegen zusammenhängt. Und ein leitender Angestellter der Bayer AG, Dieter Roos, weiß zwar, daß eine möglichst angstfreie Atmosphäre im Unternehmen auch für gute Leistungen sorgt, gestand aber in einem Zeitungsinterview ein, daß die Ängste, die aus Konfliktsituationen unter Mitarbeitern oder mit Vorgesetzten entstehen, kaum verhindert werden können.

Verhindern läßt sich weder boshafter Klatsch noch gezieltes Mobbing. Aber da die negativen Folgen des Psychoterrors am Arbeitsplatz inzwischen eindeutig erkannt worden sind, gibt es in mehreren europäischen Staaten wenigstens Ansätze zu einer wissenschaftlichen Aufarbeitung und psychotherapeutischen Behandlung dieses Problems, das körperliche und seelische Störungen zur Folge hat und als Post-traumatic Stress Disorder (PTSD-Syndrom) bezeichnet wird. Heinz Leymanns Klinik für Mobbing-Opfer in Schweden hat nicht nur in Deutschland großes Interesse gefunden – Anfang 1995 ist nach Leymanns Vorbild in der Brandenburgischen Klinik für Psychosomatik eine Station für Mobbing-Patienten eingerichtet worden –, auch in der Schweiz beschäftigt man sich seit einiger Zeit mit diesem Thema.

Als 1994 der Kaufmännische Verband Zürich eine öffentliche Diskussion über Mobbing in Gang brachte, meldeten sich innerhalb kürzester Zeit mehr als 250 Betroffene zu Wort. Auch die psychosoziale Beratungsstelle Offene Tür Zürich erlebte seitdem einen wahren Ansturm von Menschen, die sich durch Mobbing in ihrer Lebensqualität ernsthaft bedroht fühlen. Selbsthilfegruppen unter Leitung von Psychologen sorgen hier für erste Hilfe. Oft bringt, wie der Psychologe Heinz Lippuner in diesem Zusammenhang erfahren hat, schon ein gründliches Gespräch über die quälende Arbeitssituation eine spürbare Entlastung für die Ratsuchenden.

In seiner Studie über das Mobbing listet Heinz Leymann nicht weniger als 45 Handlungen auf, die er zum «Psychoterror am Arbeitsplatz» zählt; dabei nennt er fünf Gruppen mit boshaften Aktivitäten: Zur ersten Gruppe, «Angriffe auf die Möglichkeiten, sich mitzuteilen», gehören beispielsweise das ständige Unterbrochenwerden durch Vorgesetzte oder Kollegen, ständige Kritik an der Arbeit oder am Privatleben, mündliche oder schriftliche Drohungen, aber auch die Kontaktverweigerung durch abwertende Blicke oder Gesten. Zur zweiten Gruppe, «Angriffe auf die sozialen Beziehungen», zählt unter anderem, daß man nicht mehr mit dem Betroffenen spricht oder sich nicht mehr von ihm ansprechen läßt; daß der Betroffene in einen Raum versetzt wird, der weitab von den Kollegen liegt, denen sogar verboten wird, mit ihm zu sprechen. Die dritte Gruppe des Mobbing zielt auf das soziale Ansehen des Opfers, hinter dessen Rücken schlecht geredet wird, Gerüchte und der Verdacht verbreitet werden, psychisch krank zu sein. Die vierte Gruppe enthält Angriffe auf die Berufs- und Lebenssituation. Dabei werden dem Mobbing-Opfer keine oder zu leichte oder zu schwierige Aufgaben zugewiesen, um es zu diskreditieren. In der fünften Gruppe geht es um Angriffe auf die Gesundheit. Dazu gehören die Androhung von körperlicher Gewalt oder reale Tätlichkeiten, an der Person selbst oder an ihrem Arbeitsplatz, sogenannte Denkzettel oder auch sexuelle Handgreiflichkeiten.

Schon ein kurzer Blick auf diese lange Liste macht deutlich, daß Mobbing nicht nur die Gesundheit und die Psyche übersensibler Menschen zerrüttet, wenn man bedenkt, daß es «eine Unverschämtheit ist, die mindestens einmal pro Woche über einen Zeitraum von mindestens einem halben Jahr stattfindet» (Leymann).

# *Enthüllung durch Witz*

> Ein neuer Witz wirkt fast wie ein Ereignis von allgemeinstem Interesse; er wird wie die neueste Siegesnachricht von dem einen dem anderen zugetragen.
>
> *Sigmund Freud*

Witze und spaßhafte Bemerkungen über Abwesende eignen sich besonders gut als Vehikel für Klatsch, als Träger von Gerüchten, Mutmaßungen, Vorurteilen und Unterstellungen. Im Witz wird ein komplizierter Sachverhalt stark verkürzt, eine Eigenschaft oder eine Verhaltensweise hervorgehoben, ein einzelnes Merkmal verallgemeinert. Die witzige Bemerkung, die einen schwachen Punkt präzise trifft, bleibt im Gedächtnis haften. Sie wird, schon um des Spaßes willen, gern weitererzählt und kennzeichnet das Bild des Objekts in vergröberter, verzerrter, oft auch in schädigender Weise. Als Gegenstand des klatschhaften Witzes kann alles dienen, was irgendwie «auffällig» ist, der Norm nicht entspricht, «merkwürdig» oder «komisch» wirkt.

Witz, althochdeutsch «wizzi», benannte ursprünglich die geistreiche Schlagfertigkeit, ähnlich dem französischen «esprit» – also eine Fähigkeit, die mit Verstand und Wissen zu tun hatte. Im englischen Wort «wit», das für Verstand, Wissen, Weisheit steht, ist sie in dieser Bedeutung noch enthalten. Erst im 19. Jahrhundert wurde sie mit der spaßhaften Pointe, der belustigenden Anekdote in Zusammenhang gebracht, die auch Klatsch enthalten kann.

«Für einen guten Witz verrät man seinen besten Freund» – mit dieser Redensart wird umschrieben, wie sehr ein Erzähler auf Wirkung spekuliert. Ein Lacherfolg, der nur Sekunden dauert, scheint manchen Menschen so wichtig zu sein, daß sie darüber alles andere vergessen. In solchen Fällen wird nicht mehr darauf geachtet, ob der im Witz bloßgestellte Abwesende geschädigt werden könnte. Auch auf den Wahrheitsgehalt der Bemerkung wird oft nicht weiter achtgegeben. Es genügt, wenn das berühmte «Körnchen Wahrheit» darin enthalten ist, das die Zuhörer aufgrund ihrer Vorkenntnisse schnell heraushören können. Mit dem Witz sucht der Erzähler eine gefühlsmäßige Übereinstimmung mit seinen Hörern. Er zieht die Lacher auf seine Seite und programmiert sie gegen ein gemeinsames zeitweises «Feindbild». Solche auf Persönliches zielenden Witze zeigen im Ablauf den gleichen Mechanismus wie andere Formen von Klatsch und Gerücht.

Im Unterschied zu harmlosen, zufällig entstehenden und nicht boshaft gemeinten Witzen deuten die zielgerichteten – von Sigmund Freud als «tendenziös» bezeichneten – Witze eine abwehrende oder auch eine aggressive Haltung an. Wie der Klatsch im allgemeinen, so erzeugen auch tendenziöse Witze ein (heimliches oder offen gezeigtes) Lustgefühl. Witze «arbeiten» mit Projektionen, mit der Verallgemeinerung erster Eindrücke, mit Vorurteilen, und sie dienen der Gerüchtebildung, sowohl was ihren Inhalt als auch die Möglichkeit ihrer Anwendung betrifft. In seiner Schrift *Der Witz und seine Beziehung zum Unbewußten* stellte Freud fest: «Seitdem wir auf den Ausdruck der Feindseligkeit durch die Tat verzichten mußten – durch den leidenschaftslosen Dritten daran gehindert, in dessen Interesse die Bewahrung der persönlichen Sicherheit liegt –, haben wir ganz ähnlich wie bei der sexuellen Aggression eine neue Technik der Schmähung ausgebildet, die auf die Anwerbung eines Dritten gegen unseren Feind abzielt. Indem wir den Feind klein, niedrig, verächtlich, komisch machen, schaffen wir uns auf einem Umwege den Genuß seiner Überwindung, den uns der Dritte, der keine Mühe aufgewendet hat, durch sein Lachen bezeugt.»

Der «Feind» im klatsch- oder gerüchthaltigen Witz muß natürlich nicht notwendigerweise ein ernsthafter Gegner oder Konkurrent sein. Ein verbreitetes Vorurteil über einen einzelnen oder eine Gruppe, mit der man vielleicht noch nie persönlich zu tun gehabt hat, genügt völlig, um – beispielsweise durch eine überraschende Gedankenverbindung – einen Lacheffekt zu erzielen. Wenn etwa von Geiz die Rede ist, erinnert man sich sofort daran, mit wem man diese Eigenschaft in Beziehung zu bringen hat: «Vor kurzem hat es in Schottland eine aufsehenerregende Selbstmordwelle gegeben...» – «Und warum?» – «Ja, ein Sarggeschäft in Glasgow hatte plötzlich die Preise drastisch gesenkt.»

Die Abstempelung eines ganzen Volkes mit Hilfe einer unterstellten negativen Eigenschaft erleichtert das Gefühl des Zusammenhalts der Wir-Gruppe. Der Witz wird zum Abwehrmechanismus, mit dem sich die eigene Gruppe beim Gefühl einer Bedrohung ihrer Geschlossenheit versichert. Das ist zum Beispiel dann der Fall, wenn ethnische Minderheiten auf irgendeinem Gebiet besonders erfolgreich sind und dadurch den Einheimischen Konkurrenz machen. In einer Fülle von Witzen, in denen sich oft Verachtung und uneingestandene Bewunderung mischen, wurden und werden beispielsweise Juden mit kaufmännischer List und Raffgier, Polen mit Unordnung und Unsauberkeit, Farbige mit Dummheit und sexueller Potenz, Italiener mit Faulheit und schmalziger Erotik in Verbindung gebracht.

Soziale Gruppen, denen gegenüber man sich unsicher fühlt oder deren Einfluß man fürchtet, werden im Witz «entschärft». Wie der Illustriertenklatsch, der dem Leser die Identifikation mit dem Prominenten anbietet, indem er durch den indiskreten Blick in dessen Privatleben vorgibt, der Enthüllte sei eben auch «ein Mensch wie du und ich», so verhilft der Witz gelegentlich dazu, den einzelnen das eigene Ohnmachtsgefühl gegenüber «denen da oben» kurzfristig vergessen zu lassen.

Politische und wirtschaftliche Führungspersonen, Ärzte, Lehrer, Juristen, Pfarrer oder Psychiater werden im Witz getroffen, indem man ihnen bestimmte Eigenschaften zuschreibt und ihr Berufsbild grob vereinfacht, wie folgendes Beispiel darlegt:

Der Geschäftsführer eines großen Unternehmens läßt den Betriebspsychologen zu sich kommen, damit dieser ihm bei der Auswahl einer neuen Sekretärin behilflich ist. Der Psychologe ist hoch erfreut über die Möglichkeit, erstmalig seinen Spezialtest vorführen zu können. Dieser besteht in der Frage: «Wieviel ist zwei und zwei?» – Die erste Bewerberin antwortet prompt: «4.» Die zweite denkt einen Augenblick nach und sagt dann: «Es könnte auch 22 sein.» Die dritte Bewerberin sagt spontan: «Es kann entweder 4 oder 22 sein.» – Als die drei Damen den Raum wieder verlassen haben, wendet sich der Psychologe triumphierend an den Direktor: «Jetzt haben Sie erleben können, war für eine Menge Informationen diese einzige Frage gebracht hat. Die erste Dame hat ohne Zögern die Antwort gegeben, die auf der Hand liegt. Die zweite war etwas subtiler, hat dabei aber gezögert. Die dritte Bewerberin hat mit Entschiedenheit geantwortet und dabei alle Möglichkeiten mit eingeschlossen. Welche würden Sie also jetzt nehmen?» Der Direktor zögert nicht mit seiner Antwort: «Ich nehme die große Blonde mit dem Minirock.»

Der tendenziöse, auf Persönliches zielende oder sogar aggressive Witz enthält diejenigen Merkmale, die für andere, ausführlichere Arten des Klatsches kennzeichnend sind:

- er verschafft ein Lustgefühl
- er dient dem Zusammengehörigkeitsgefühl der Gruppe
- er fungiert als Abwehrmechanismus, zur zeitweisen Entlastung
- er verkürzt, vergröbert oder verallgemeinert Situationen, Verhaltensweisen und Charaktereigenschaften
- er verfestigt bestehende Klischeevorstellungen und transportiert Vorurteile («Warum ist Jesus nach seinem Tod wohl zuerst den Frauen erschienen?» – «Warum?» – «Damit sich die Nachricht von seiner Auferstehung schneller verbreite.»)

In politisch oder wirtschaftlich kritischen Situationen suchen sich Klatsch, Gerücht und Witz als Opfer mit Vorliebe diejenigen aus, die an der Macht sind und deren Privatleben nicht in den gewohnten Bahnen verläuft. Sorgen und Ängste, die durch ständig steigende Preise, Unsicherheit des Arbeitsplatzes oder durch eine Abneigung gegen bestimmte Parteien bedingt sind, machen sich ebenfalls häufig Luft in aggressiven Witzen. Als Bundeskanzler war vor allem Willy Brandt bevorzugtes Ziel von politischen Witzen. Dabei wurden meist Schablonen benutzt, die bereits während der Hitler-Zeit und später unter dem Ulbricht-Regime der ehemaligen DDR verwendet wurden. Zu solchen politischen Kalauern gehörte der folgende: «Brandt (Hitler/Ulbricht) fährt mit dem Auto über Land. Sein Fahrer überfährt ein Huhn. Um den Bauern zu beruhigen, steigt Brandt aus und kommt nach kurzer Zeit mit einem blaugeschlagenen Auge zurück. Im Nachbardorf fährt der Fahrer versehentlich ein Schwein tot. Diesmal geht der Fahrer selbst in das Bauernhaus des Schweinebesitzers, um sich für den Vorfall zu entschuldigen. Nach einer Weile kommt er mit Schinken, Eiern und Obst beladen wieder zurück. Auf Brandts verwunderte Frage nach der Ursache für die gute Behandlung antwortet der Chauffeur: ‹Das weiß ich auch nicht. Ich hab denen bloß erzählt, ich bin der Fahrer von Brandt und hab das Schwein totgefahren.›»

Wie einem Bericht der Tageszeitung *Die Welt* zu entnehmen war, wurde die Witze-Welle gegen Brandt damals so ernst genommen, daß das Bundespresseamt einen Psychologen damit beauftragte, Ursachen und Herkunft solcher Witze zu untersuchen. Der Psychologe glaubte feststellen zu können, daß die Urheber und Verbreiter solcher tendenziösen Politscherze weniger beim «Volk» als vielmehr unter den Gegnern des damaligen Bundeskanzlers zu suchen seien, die sich mit seinem Wahlsieg, der

Verleihung des Friedensnobelpreises und seinem weltweiten Ruf als Entspannungspolitiker nicht hatten abfinden können und ihre Verärgerung durch das Verbreiten von Witzen abzureagieren suchten.

Witze werden als Gradmesser der politischen Freiheit, die in einem Land herrscht, angesehen: Ein Land, indem aggressive Politwitze offen ausgesprochen und sogar gedruckt werden können, darf im allgemeinen für sich in Anspruch nehmen, seinen Bürgern mehr Freiheit zu lassen als solche Staaten, in denen Regimekritik nur hinter vorgehaltener Hand, als «Flüsterwitz», kursieren kann. Im Dritten Reich konnten politische Witze nur heimlich und unter Lebensgefahr weitergegeben werden. Sie waren, wie Hans-Jochen Gamm in seinem Buch *Der Flüsterwitz im Dritten Reich* bemerkt, Widerstandsprodukte im weitesten Sinn. «Es ist nicht leicht, in Deutschland zu leben», zitiert Gamm eine derbe Redensart aus der Zeit der Naziherrschaft. «Man muß sich als Bandwurm durch die braune Masse winden und ist dauernd in Angst, abgeführt zu werden.»

Da man sich gegen den übermächtigen Apparat der Gestapo nur indirekt zur Wehr setzen konnte, mußte man sich damit begnügen, die durch die frustrierende Lage entstandenen heimlichen Aggressionen im Flüsterwitz zu kanalisieren. Dabei wurde nicht nur die politische Situation karikiert und persifliert, sondern der Witz zielte auch auf sehr Persönliches. Schon zur Zeit von Hitlers Machtübernahme war gerüchteweise laut geworden, daß der «Führer» sich im Ersten Weltkrieg die Syphilis geholt habe; eine fortschreitende Paralyse mache ihm die normale sexuelle Betätigung unmöglich. Seine Ehelosigkeit müsse demnach einen anderen Grund haben als den von ihm vorgeschobenen, er wolle frei bleiben, um seine ganze Kraft dem deutschen Volk zuzuwenden. Der folgende Vers spielt unter anderem darauf an:

«Wer ist ein deutscher Mann?
Wer hunnisch regiert,
Napoleon markiert,
in Österreich geboren,
den Bart englisch geschoren,
wer italienisch grüßt,
deutsche Mädchen Kinder kriegen läßt,
aber selber keine Kinder machen kann
das ist ein deutscher Mann!»

Wesentlich harmloser waren dagegen die Witze um die Person eines Staatsoberhauptes, auf dessen begrenzte Geistesfähigkeiten viele Witze anspielten: des ehemaligen Bundespräsidenten Heinrich Lübke. Über ihn kursierten nicht nur teils weitergeklatschte, teils erfundene Zitate, sondern es entstand ein veritables Buch mit einer Sammlung von angeblichen Aussprüchen Lübkes, unter dem Titel *Worte des Vorsitzenden Heinrich*. Vor allem das Auftreten des nicht allzu sprachmächtigen Präsidenten bei Staatsempfängen oder auf Reisen bot Anlaß zu spöttischen Bemerkungen und kolportierten Peinlichkeiten. So habe der Präsident vor allem in afrikanischen und asiatischen Ländern die Staatsoberhäupter des öfteren versehentlich mit den Namen ihrer Staaten oder Hauptstädte angesprochen («Sehr geehrter Herr Tananarive») und bei einem internationalen Diplomatentreffen in Bonn die Gäste in seiner Eröffnungsrede mit den Worten begrüßt: «Meine sehr verehrten Damen und Herren, liebe Neger!»

«Das Bedürfnis der Menschen, Lust aus ihren Denkvorgängen zu gewinnen, schafft immer neue Witze unter Anlehnung an die Interessen des Tages», schrieb Sigmund Freud in seiner Abhandlung über den Witz und seine Beziehung zum Unbewußten. Die Interessen des Tages sind oft genug Klatschinteressen, die sich bei guter Gelegenheit auch den Witz als gefälliges Medium für Enthüllungen suchen. Witz als Träger von Klatsch und Gerücht will bloßstellen, der Lächerlichkeit preisgeben und dadurch das angepeilte Objekt seiner Macht teilweise entkleiden. Blöße mindert Größe.

Der mit persönlichem Klatsch durchzogene Witz hat auch in der Literatur eine lange Tradition. Lächerlichkeit und Entrüstung finden in allen literarischen Gattungen – in Gedichten, Epigrammen, Komödien, Schwänken, Anekdoten – ihren Ausdruck. Mißstände, Unsitten und die Verhaltensweisen von Einzelpersonen werden in Satiren verspottet, in Witzblättern und in Kabaretts angeprangert. Ziel des literarischen Klatschwitzes ist das gleiche wie beim Alltagswitz: Aufklärung, Enthüllung von verborgenen Aspekten des Bedrohlichen und die im befreienden Gelächter zeitweise gelöste ängstliche Spannung. Der Klatschwitz reduziert «Größe» auf ein erträgliches Maß, stellt Autoritäten in Frage und läßt keine Tabus gelten.

# *Klatsch und Projektion*

Die meisten Menschen beichten am liebsten die Sünden anderer Leute.
*Graham Greene*

Die Motive für Klatsch und Tratsch sind ebenso vielfältig wie die Konsequenzen, die das heimliche Reden über andere haben kann. Eins ist jedoch den meisten Klatschvorgängen gemeinsam: die Projektion eigener Mängel und Schwächen, Ängste und Wünsche auf andere Personen. Es fällt zunächst schwer, dies zu akzeptieren, weil es schwer «einzusehen» ist. Im allgemeinen glaubt wohl jeder Mensch, er wisse eigentlich immer, was er sage. Aber diese Annahme ist oft nur Wunschdenken. In Wirklichkeit, das zeigen psychologische Tests, gibt man sich nur in seltenen Fällen darüber Rechenschaft, warum man zu einer bestimmten Zeit über eine bestimmte Person eine bestimmte Bemerkung gemacht hat, die vielleicht Schaden anrichten könnte. Das Erinnerungsvermögen, das glücklicherweise begrenzt ist, läßt einen solchen Rechenschaftsbericht nicht immer zu. Die Mehrzahl der klatschhaltigen Kurzgespräche, die man alltäglich führt, erfolgt ohne größeren gedanklichen Aufwand; man weiß also durchaus nicht immer, was man sagt.

Freud hat das Bewußtsein mit der Spitze eines Eisbergs verglichen, die aus dem Wasser ragt. Der weitaus größte Teil des Eisbergs liegt jedoch unter der Wasseroberfläche, ist demnach unbekannt, unbewußt. Viele «unbewußte Inhalte» kommen im zwischenmenschlichen Bereich zum Vorschein, ohne daß sie von den betreffenden Personen wahrgenommen werden. Irgend etwas Unvermutetes «unterläuft» einem während eines Gesprächs, es «rutscht heraus», ohne daß man es rechtzeitig kontrollieren konnte; auch wie zum Beispiel sogenannte Fehlleistungen oder Versprecher entstehen, läßt sich nur durch eine gründliche Analyse feststellen, für die man im allgemeinen nicht vorbereitet ist.

Die psychologische Erfahrung, daß jeder Mensch sich erst durch die Widerspiegelung in anderen Menschen in seiner Individualität erleben und definieren kann und daß jeder seine Umwelt mit bestimmten subjektiven Vorstellungen belegt, hat zu dem Begriff «Projektion» geführt. Diese unbewußte Tätigkeit spielt nicht nur bei der Wahrnehmung von Verhaltensweisen anderer Menschen eine Rolle, sondern auch bei jeder Aussage über diese Wahrnehmung, also auch beim Klatsch.

Unter Projektion versteht man im psychologischen Sprachgebrauch das «Hinausverlegen» eines psychischen Vorgangs oder einer Vorstellung in ein sichtbares Objekt. Die Psychoanalyse sieht in der Projektion einen inneren Abwehrmechanismus am Werk: Bestimmte Wunschvorstellungen oder Triebregungen, die das Gewissen nicht zuläßt, werden unbewußt in die Außenwelt abgedrängt: Da man Vorstellungen und Gefühle, die von der Zensur des sogenannten Über-Ich mißbilligt werden, bei sich selbst nicht anerkennen will, schiebt man sie von sich weg, indem man anderen Menschen solche Eigenschaften unterstellt, deren man sich selber schämt.

In der Bibel findet sich im dritten Buch Mose die Beschreibung eines Sündenbocks, dem menschliche Verfehlungen symbolisch aufgeladen werden: «Dann soll Aaron beide Hände auf den Kopf des lebenden Bockes stützen und über ihm alle Verschuldungen und alle Übertretungen bekennen, mit denen die Israeliten sich versündigt haben, und soll sie dem Bock auf den Kopf legen und ihn durch einen bereitstehenden Mann in die Wüste treiben lassen. So soll der Bock alle ihre Verschuldungen auf sich in eine Wildnis wegtragen; und er soll ihn in der Wüste loslassen.» Die Israeliten waren allerdings nicht das einzige Volk, das sich mit Hilfe einer solchen Handlung seiner Sünden zu entledigen suchte. In seinem völkerkundlichen Werk *Der goldene Zweig* wies der englische Völkerpsychologe James George Frazer gegen Ende des vergangenen Jahrhunderts nach, daß das Prinzip des «stellvertretenden Leidens» in vielen Völkern, die auf einer relativ niedrigen Stufe sozialer und intellektueller Kultur stehen, bekannt ist. Häufig benutzt man Tiere als Mittler, die bestimmte Übel fortnehmen oder übertragen sollen. Von einigen Stämmen Südafrikas berichtete Frazer, daß sie, um Krankheiten loszuwerden, ihre Vergehen – von denen sie annahmen, daß sie mit der Krankheit in Verbindung stünden – einer Ziege beichteten, dann vom Blut des betreffenden Kranken einige Tropfen auf den Kopf der Ziege träufelten und das Tier anschließend in die Steppe jagten. Auf Sumatra war es, wie Frazer beschrieb, üblich, Schwalben zu fangen und sie mit Öl zu beträufeln. Danach ließ man sie wieder fliegen und sprach dabei eine Formel, die Krankheit und anderes Mißgeschick von den Eingeborenen fernhalten sollte.

Die «Sündenböcke» der «primitiven Völker» sind nicht ausgestorben, sie haben sich sogar vervielfacht. In unserer aufgeklärten Zeit kann jeder für jeden ein Sündenbock, ein Prügelknabe oder ein Klatschobjekt sein.

Für die negativen Eigenschaften oder Impulse, die man bei sich selbst nicht gern wahrhaben möchte, weil sie sich nicht mit den herrschenden Normen decken und unangenehme Konsequenzen haben können, verwendet man in der Analytischen Psychologie den Begriff Schatten, weil diese Persönlichkeitsteile, wenn sie ins Bewußtsein dringen, als «dunkel» empfunden werden. Es gehört zur grundlegenden Arbeit einer Psychoanalyse, den Schatten bewußt zu machen. C. G. Jung definierte ihn als «ein moralisches Problem, welches das Ganze der Ichpersönlichkeit herausfordert, denn niemand vermag den Schatten ohne einen beträchtlichen Aufwand an moralischer Entschlossenheit zu realisieren. Handelt es sich bei dieser Realisierung doch darum, die dunklen Aspekte der Persönlichkeit als wirklich vorhanden anzuerkennen.» Diese Anerkennung der als negativ bewerteten Persönlichkeitsteile ist die Voraussetzung für jede Selbsterkenntnis. Wer also ernsthaft den eigenen «Schatten» wahrnehmen möchte, der muß herauszufinden versuchen, welche Impulse er bei sich selber ablehnt, aber, durch seine Projektion, in anderen Menschen zu entdecken glaubt.

Da Projektion unbewußt geschieht und erst durch gründliche Beobachtung und Analyse einsichtig zu machen ist, gibt man sich gewöhnlich kaum Rechenschaft über eigene Projektionen. Selbst wenn sich jemand theoretisch sogar darüber klar ist, daß er ständig projiziert, zieht er aus dieser Kenntnis meistens keine Konsequenzen. Nur so ist es zu erklären, daß bösartiger Klatsch immer wieder verbreitet wird, statt daß der Klatschverbreiter versucht, schweigend die eigenen Klatschmotive herauszufinden.

Die diagnostische Psychologie macht sich den Projektionsvorgang bekanntlich dadurch zunutze, daß sie durch Tests – in Form von Vorlagen, die unterschiedlich gedeutet werden können – die Phantasie der Versuchspersonen herausfordert. Die bekannteste dieser projektiven Methoden ist der sogenannte Tintenkleckstest des Schweizer Psychologen Hermann Rorschach, der nicht nur der Deutung des Gefühlslebens eines Menschen dient, sondern auch zur Erfassung seiner Persönlichkeitsstruktur und eventueller psychischer Störungen.

Ein anderer, ebenfalls sehr verbreiteter Test, der die Rorschach-Methode ergänzt, ist der von Henry A. Murray entworfene Thematische Apperzeptionstest (TAT). Das Material zu diesem Test, der auch für Kinder und Jugendliche bearbeitet worden ist, besteht aus zwanzig schwarzweißen, schemenhaft gemalten Bildern mit Szenen, die besonders die Gefühle ansprechen. Die Versuchsperson soll diese Szenen mit einer selbsterfundenen Geschichte beschreiben. Durch die Identifikation mit den dargestellten Personen bringt der betreffende Interpret eigene Konflikte zum Ausdruck – mit Hilfe seiner Projektion.

Der Vorgang des Klatschens erinnert oft an solche projektiven Tests: Für den Klatschenden ist das Klatschobjekt eine Art Tintenklecks oder ein nur in Umrissen erkennbares Schwarzweißbild. Die fehlenden Kenntnisse über die beklatschte Person werden durch Phantasie,

Mutmaßungen, Unterstellungen, durch eigene Gefühlsinhalte ersetzt und zu einem – manchmal idealisierten, meist aber negativen – Bild ausgestaltet. Durch die Projektion werden abstrakte Inhalte konkret faßbar, «verkörpern» sich Eigenschaften in der Außenwelt. Wie wir unsere Umwelt in das von uns entworfene Vorstellungsschema zwingen, hat Brecht in seinen *Kalendergeschichten* formuliert:

«Was tun Sie», wurde Herr K. gefragt, «wenn Sie einen Menschen lieben?»

«Ich mache einen Entwurf von ihm», sagte Herr K., «und sorge, daß er ihm ähnlich wird.»

«Wer? Der Entwurf?»

«Nein», sagte Herr K., «der Mensch.»

In seiner Untersuchung über Projektionen im Zusammenhang mit Vorurteilen und Gerüchten unterscheidet der amerikanische Psychologe Gordon W. Allport drei Arten von Projektionen: die *direkte* Projektion, den *Splitter-Balken*-Mechanismus und die *komplementäre* Projektion.

Als Beispiel für eine direkte Projektion nannte Allport die Behauptung der Nationalsozialisten, Juden seien sadistisch. Die sadistische Freude am Quälen aber war ja, wie bei den Kriegsverbrecherprozessen überdeutlich zum Ausdruck kam, gerade bezeichnend für viele Aufseher in den Konzentrationslagern. Die Projektion hat also eine Schutzfunktion in Form eines Abwehrmechanismus. Sie ist ein Versuch zur Lösung eines inneren Konflikts, indem einer anderen Person oder einer Gruppe bestimmte Gefühle, Motive und Verhaltensweisen zugeschrieben werden, die eigentlich die projizierende Person oder Gruppe selbst kennzeichnen.

Eine direkte Projektion kann sich, wie Allport feststellte, auf spezifische Eigenschaften, aber auch auf verallgemeinerte Ansichten beziehen, die man in bezug auf sich selbst hat. Dabei ist auffällig, daß Menschen, die sich selbst niedrig einschätzen, andere Menschen oft auf groteske Weise verzerrt darstellen. Jemand, der für Klatsch, Tratsch und Gerüchteverbreitung bekannt ist, schadet oft nicht nur dem Klatschopfer, sondern sich selbst noch weit mehr. Als «Geheimnisträger», als Person, die «immer etwas Interessantes zu berichten hat», wird er zwar anscheinend ernst genommen, zumal man den Schaden fürchtet, den jemand mit der Weitergabe von Indiskretionen anrichten kann. Aber im Grunde wird Klatschsucht verachtet, denn auch der Klatschhörer projiziert: Insgeheim verurteilt er oft das Interesse an indiskreten Mitteilungen über das Privatleben anderer Leute und gibt, auf dem Weg der Projektion, allein dem Klatschenden die Schuld an den negativen Folgen des Klatsches. Zudem offenbart ja der Klatschende durch sein Verhalten ein mangelhaftes Selbstwertgefühl, einen allzu auffälligen Drang nach Anerkennung; auch das schadet ihm auf die Dauer in seiner Umgebung. Denn sobald die Klatschhörer wahrgenommen haben, daß die Selbstunsicherheit des Klatschenden sein Klatschmotiv ist, projizieren sie ihre eigene, immer latent vorhandene Selbstunsicherheit auf ihn, um sich selber, wenigstens zeitweise, entlastet fühlen zu können.

So wird ein Klatschverbreiter, häufig ohne es zu wissen, ein Opfer seines eigenen Systems, aus lückenhaften

Kenntnissen mit Hilfe von Projektionen eigener unterdrückter Wünsche ein schiefes Bild zu machen. Als «Lückenbüßer» wird er selbst zum Sündenbock, der uneingestandene negative Eigenschaften seiner Hörerschaft auf sich projiziert zu tragen hat. Dieser Last entgeht der Klatschende in der Regel nicht, weil er fast niemals seine Situation klar erkennt. Denn da ja auch die Projektionen der Klatschhörer von diesen unbemerkt geschehen und meist unbewußt bleiben, erfährt der Klatschende kaum jemals, daß er als Sündenbock für die Klatschlust der anderen, als «Funktionär» des Klatsches, dient und daß diese Rolle mit Geringschätzung betrachtet wird. Das heimliche Lachen über die Klatschmitteilung gilt oft zu einem Teil auch dem Klatschenden selbst. Erst wenn jemand Einblick in die eigenen Klatschmotive gewinnt, verändert sich sein Verhältnis zum Klatsch, denn mit zunehmender Kenntnis der eigenen Antriebe, der unterdrückten Wünsche und Vorstellungen steigt das Selbstwertgefühl und reduziert sich der Zwang zu forcierter Selbstaufwertung durch Klatschverbreitung.

Während die direkte Projektion, nach Allport, ein Versuch zur Konfliktlösung ist, bei dem einer anderen Person oder einer Gruppe bestimmte Verhaltensweisen unterstellt werden, die in Wirklichkeit weniger für das Projektionsobjekt als für die projizierende Person ein unbewußtes Problem darstellen, geht es beim Splitter-Balken-Mechanismus darum, daß tatsächlich vorhandene Eigenschaften an anderen Menschen in übertreibender Weise wahrgenommen und beanstandet werden, während man diese Eigenschaften bei sich selber ignoriert, verschleiert oder für geringfügig erklärt. Die Bezeichnung Splitter-Balken-Mechanismus geht auf ein Bibelzitat zurück. Im Neuen Testament (Matth. 7, 1–5) heißt es: «Richtet nicht, damit ihr nicht gerichtet werdet! Denn mit welchem Gericht ihr richtet, mit dem werdet ihr gerichtet werden, und mit welchem Maß ihr meßt, mit dem wird euch gemessen werden. Was siehst du aber den Splitter in deines Bruders Auge, des Balkens jedoch in deinem Auge wirst du nicht gewahr? Oder wie kannst du zu deinem Bruder sagen: Halt, ich will den Splitter aus deinem Auge ziehen; und siehe, in deinem Auge ist der Balken? Du Heuchler, ziehe zuerst den Balken aus deinem Auge, und dann magst du zusehen, daß du den Splitter aus deines Bruders Auge ziehst.»

Jeder Mensch kann dem anderen als eine Art Projektionsschirm dienen und ist damit auch potentielles Klatschobjekt, zumal jeder irgendwelche Eigenschaften hat, die von anderen beanstandet werden können. Ist bei einem anderen Menschen ein Detail gefunden, das einem eigenen «inneren Schmutzfleck» entspricht, wird sich der Klatschfreudige schnell darauf stürzen, und da Angriff als die beste Verteidigung gilt, diese negative Eigenschaft bei Klatschinteressierten ins Gespräch bringen. Doch eine Projektion löst kein Problem. Sie ist lediglich ein Trick für eine kurzfristige Selbstentlastung.

Im Unterschied zu diesen beiden Projektionsarten stellt die komplementäre Projektion weniger eine widergespiegelte als vielmehr eine rationalisierte Wahrnehmung dar, «den Prozeß der Erklärung und Rechtfertigung unseres eigenen Gemütszustandes durch Beziehung auf vorgestellte Absichten und Verhaltensweisen anderer». Hierfür gibt Allport folgendes experimentelles Beispiel an: Einer

Kindergruppe wurden Fotos von mehreren Männern gezeigt, die den Kindern unbekannt waren. Man fragte die Kinder nach ihrer Sympathie oder Antipathie gegenüber diesen Männern; fast alle fanden die dargestellten Personen «nett». Anschließend ließ man die Kinder in dem verdunkelten Haus ein gruseliges «Mörderspiel» spielen. Danach wurden sie nochmals nach ihrem Eindruck von den Fotos befragt. Jetzt zeigten die Kinder plötzlich Angst vor den fremden Männergesichtern und hielten die Männer für bedrohlich.

Auch die komplementäre Projektion wird begünstigt durch mangelndes Selbstwertgefühl oder, wie in diesem Fall, durch Angst. Je weniger deutlich das Objekt zu erkennen ist, desto leichter kann projiziert werden. Über eine relativ unbekannte Person oder über eine anscheinend geheimnisvolle, fremdartige Gruppe – besonders dann, wenn man deren Sprache nicht versteht – werden leicht Gerüchte ausgestreut und Klatschereien geglaubt.

Projektion kann aber nur dann stattfinden, wenn die Einsichtsfähigkeit durch irgendeinen Umstand blockiert ist. Die Anpassung an gesellschaftliche Normen und Gebote ist für die meisten Menschen bequemer als die aufmerksame Beobachtung und genaue Analyse der eigenen Verhaltensweisen und gegebenenfalls deren Änderung. Am Beispiel der eigenen Klatschlust kann man erfahren, durch welche Projektionen die Wahrnehmung beeinflußt wird. Bevor man anfängt, seinen Zuhörern etwas Negatives, allzu Privates oder Unfreundliches über einen Abwesenden mitzuteilen, sollte man sich fragen, was man mit einer derartigen Mitteilung beabsichtigt. Ist Geltungsdrang das Motiv, will man durch einen Lacherfolg Anerkennung einheimsen, oder will man zeigen, daß man informiert ist und zu den «Eingeweihten» gehört? Klatscht man aus Rache, will man dem Abwesenden schaden, weil man sich über ihn geärgert hat oder enttäuscht worden ist? Ist man neidisch oder eifersüchtig auf ihn und versucht deshalb, ihn durch Klatsch herunterzuziehen und lächerlich zu machen? Eine solche Selbstbefragung ist nicht einfach, sie erfordert den Willen zur Einübung von sprachlicher Selbstkontrolle.

Aus einem spielerischen Experiment, das ich selbst vor Jahren mit einigen Bekannten unternahm, ging hervor, wie stark auch in einer relativ homogenen Gruppe das Bedürfnis ist, andere unter dem Deckmantel der Anonymität zu kritisieren, auf vermeintliche Fehler aufmerksam zu machen und eigene Schwächen auf Angehörige der Gruppe zu projizieren. Bei diesem Versuch, der während einer privaten Feier stattfand und scherzhaft als «graphologischer Test» angekündigt war, wurde den anwesenden sechzehn Personen ein zufällig ausgewählter, kurzer Zeitungstext vorgelegt, den jeder handschriftlich auf ein Blatt Papier übertragen sollte. Die abgeschriebenen Texte wurden eingesammelt, vermischt und dann so ausgeteilt, daß jeder einen Text in fremder Handschrift vor sich liegen hatte. Danach wurde jeder gebeten, über den jeweiligen Text – der anschließend zur Beurteilung an den Nachbarn weitergegeben werden mußte – ein «graphologisches Gutachten» zu erstellen. Da keiner der Anwesenden graphologische Kenntnisse hatte, blieb die Deutung der Schriftzüge weitgehend der Phantasie, dem Einfühlungsvermögen und der Projektionsbereitschaft des einzelnen überlassen. Entscheidend war hierbei, daß die Gäste einander seit langem kannten. Ich konnte also davon ausgehen, daß auch die meisten Schriftbilder den Gästen einigermaßen bekannt vorkommen würden und mit ziemlicher Sicherheit zu den betreffenden Schreibern in Beziehung gebracht werden könnten – daß also, unter dem Schutz einer vorgeblich «sachlichen Begutachtung» des Schriftbildes (und bei Wahrung der eigenen Anonymität), in heiterer Atmosphäre sowohl positive als auch negative Kritik an einzelnen Gruppenmitgliedern geübt werden konnte.

Nach Abschluß der, wiederum handschriftlichen, «Begutachtungen» wurden alle Zettel eingesammelt und so verteilt, das jeder dasjenige Exemplar zurückbekam, auf dem er selbst den Zeitungstext geschrieben hatte. Jeder mußte nun die untereinanderstehenden Kritiken zum eigenen Schriftbild laut vorlesen, und zwar möglichst zügig, damit für Mutmaßungen über die Identität seiner Kritiker (und eventuellen Groll auf bestimmte Personen) nicht viel Zeit bliebe. Der Versuch führte nicht nur am selben Abend, sondern auch an den darauffolgenden Tagen zu verblüfften Reaktionen, lebhaften Mutmaßungen und eifrigen Nachfragen, teils in der Gruppe, teils unter vier Augen. Denn einige Teilnehmer waren ziemlich erstaunt über das Bild, das sich einzelne Gruppenangehörige von ihnen gemacht hatten. Damit war die Debatte über die Frage: Bin ich denn wirklich so, wie ich von anderen gesehen werde? und: Sehe ich andere tatsächlich objektiv? eröffnet. Latente Aggressionen, die sich gewöhnlich in heimlichem Klatsch entladen hatten, konnten jetzt, sofern die Bereitschaft vorhanden war, offen mit Angehörigen der Gruppe diskutiert werden.

## *Die versteckte Kamera*

> Klatsch ist die Sozialform der diskreten Indiskretion.
>
> *Jörg R. Bergmann*

Auf der Jagd nach Einschaltquoten werden die Grenzen des Zumutbaren ständig neu abgesteckt und versuchsweise überschritten – zumutbar, was das Niveau der Unterhaltung, aber auch, was das erträgliche Maß an «Enthüllung» betrifft. Dabei bilden einige Medien jeweils eine Art Vorreiter, die erkunden, wann welche Art von Bericht oder Sendung auf wieviel ernstzunehmenden Protest stößt und, je nachdem, ausgeweitet werden kann oder beschnitten werden muß.

Eine vielgesehene TV-Sendereihe mit dem Titel «Versteckte Kamera» ging bei dieser Erkundung von Zuschauerresonanz offenkundig einige Schritte zu weit. Im April 1995 hatte die Schauspielerin Marianne Sägebrecht auf dem Münchner Ostfriedhof an der Beerdigung eines Freundes teilgenommen, der an Aids gestorben war. Abends war sie mit einem Fernsehmoderator zum Essen verabredet, um über berufliche Angelegenheiten zu sprechen. Nach der Beerdigung fühlte sich die Schauspielerin aber zu angegriffen für ein solches Gespräch und bat um Verschiebung des Treffens. Der Moderator drängte darauf, noch am selben Abend mit ihr essen zu gehen, so daß die Schauspielerin schließlich einwilligte.

Zu Beginn des Essens servierte der Wirt des italienischen Restaurants unaufgefordert ein kleines Pilzgericht, und auch zum Hauptgericht gab es Pilze. Währenddessen lenkte der Moderator das Gespräch von beruflichen Dingen auf private, vor allem auf den verstorbenen Freund, auf falsche Aids-Therapien und auf die Erfahrungen, die die als ehrenamtliche Pflegerin tätige Marianne Sägebrecht bei den Kranken macht. Der Schilderung der Schauspielerin zufolge zeigte plötzlich ein älterer Herr am Nebentisch Symptome eines Herzinfarkts und wurde aus dem Restaurant geleitet, vermutlich, um schnell in ärztliche Behandlung gebracht zu werden. Kurz danach erlitt eine Frau an einem anderen Tisch einen epileptischen Anfall und wurde ebenfalls nach draußen gebracht. Während sich Marianne Sägebrecht angesichts dieser Vorfälle äußerst beklommen fühlte, kam der Wirt an ihren Tisch und sagte, er hoffe nicht, daß die Pilze diese Reaktionen ausgelöst hätten. Nun bekam die Schauspielerin es selbst mit der Angst zu tun, und als auf einmal auch ihr Gesprächspartner ein hochrotes Gesicht bekam, stöhnte, würgte und sich krümmte, befürchtete sie, in ein Giftattentat der Mafia auf das Restaurant geraten zu sein. Da sie aber selbst keinerlei Anzeichen einer Vergiftung spürte, kam ihr schließlich der Gedanke, es könne sich hier um einen sehr üblen Scherz handeln. Im Vorraum stand der herbeigerufene Arzt; sie ging zu ihm und wollte ihn zur Rede stellen. Der Mann ließ sich aber auf keine Diskussionen ein, sondern, wie die Schauspielerin schilderte, griff ihr «ins Gesicht, zog meine Augenlider hoch, langte mir in den Mund und teilte mir mit, daß ich schon unter Wahnvorstellungen leide».

Höchst irritiert und voller Angst davor, möglicherweise in eine psychiatrische Klinik eingewiesen zu werden, lief Marianne Sägebrecht in die Damentoilette und blieb dort, bis ihr Puls sich beruhigt hatte. Dann ging sie zurück an ihren Tisch, wo der Wirt ihr eine Rechnung über mehrere hundert Mark präsentierte. Als die Schauspielerin dagegen protestierte, riß der Gastronom die Tischdecke herunter, das Geschirr fiel auf den Boden, und auf der Tischplatte war zu lesen: «Voll erwischt». Dies war der frühere Titel der Sendung «Versteckte Kamera». Die gesamte Szene war demnach inszeniert worden, um die Reaktionen des «Gastes» filmen zu können. Und nicht nur das: Unter dem Tisch war ein Mikrofon angebracht, das private Gespräch war aufgezeichnet worden, um Zuschauern ein makabres Lacherlebnis zu bescheren.

Die Schauspielerin erstattete über ihren Anwalt eine Anzeige wegen Verletzung der Vertraulichkeit des Wortes. Die Staatsanwaltschaft beschlagnahmte die Ton- und Videobänder mit den Aufzeichnungen des Abends.

Der «einladende» Moderator war nur ein Lockvogel gewesen. Statt einer Entschuldigung meldete er sich einige Tage später auf dem Anrufbeantworter mit der süffisanten Frage: «Haben wir das Mariannchen irritiert?» Und der Moderator der Sendung kündigte einen Beitrag mit den Worten an: «Wir können fies und gnadenlos sein.» Ohne Zweifel ein enthüllendes Programm.

Im Gegensatz zu manchen amerikanischen Talk-Shows, boshaften englischen Unterhaltungssendungen wie etwa «Spitting image» oder italienischen «reality shows», in denen ahnungslose Menschen in heikle Situationen gelockt werden und die Familienmitglieder für

Geld die Opfer in eine Falle locken, sind arglistige Bloßstellungssendungen im deutschen Fernsehen bislang die Ausnahme. Im allgemeinen scheint sich ein großes Publikum mit den verschiedenen Spielarten harmlosen Klatsches zufriedenzugeben.

Die bloße Existenz von Klatsch und die heimliche Angst davor, selbst einmal Klatschopfer werden zu können, scheinen bedrohlich genug zu wirken, um Interviewpartnern oder Show-Gästen in den Medien die Gelegenheit zu lassen, ihre Würde zu wahren. Auch das Gefühl für Fairness ist bei den meisten Medien beruhigenderweise noch vorhanden. Und wo die Enthüllungslust zu überborden droht, weil die Konkurrenz das Denken in Einschaltquoten schürt, werden allzu freizügige Zeitungsberichte oder Fernsehsendungen mit moralisch klingenden Alibis verbrämt. Enthüllungen sollen dann als «Aufklärung» oder «Warnung» gesehen werden, Selbstenthüllungen enthalten einen «Aufruf zur Solidarität», und tränenreiche öffentliche Lebensbeichten sollen nicht als Angebot an Voyeure mißverstanden werden, sondern appellieren an das «menschliche Mitgefühl» oder sind als «Lebenshilfe» gemeint. In Grenzfällen wird mit dem Begriff der «Informationsfreiheit» und dem «Auftrag der Medien» argumentiert. Doch trotz Alibiverbrämung gilt weiterhin die alte Erkenntnis: Homo homini lupus. Ins Fernsehzeitalter übertragen, könnte man sagen: Jeder Mensch ist für den anderen eine versteckte Kamera, er nimmt wahr, beobachtet, kontrolliert und wird gleichzeitig selbst wahrgenommen, beobachtet und kontrolliert – und im Klatsch gelegentlich bloßgestellt.

Klatsch wird diffamiert und genossen. Klatsch entsteht

oft aus Motiven, die als minderwertig betrachtet werden – Neid, Eifersucht, Geltungsdrang, Rache. Er wird meist unter dem Siegel der Verschwiegenheit verbreitet, ist also mit einem (zumindest latent) schlechten Gewissen verbunden, weil man ihn für «nicht ganz fair» hält. Und er kann, als üble Nachrede, Verleumdung, Rufmord oder Beleidigung, negative Folgen haben.

Dagegen stehen die als angenehm empfundenen Seiten des Klatsches:

- Klatsch ist unterhaltsam, informativ, er befriedigt Zuhörlust und Erzähllaune;
- Klatsch ist eine unkomplizierte Möglichkeit zu spontaner Kommunikation, die Vertrauen zum Gesprächspartner signalisiert;
- Klatsch bestätigt das Zugehörigkeitsgefühl zu einer Gruppe;
- Klatsch kann als Ventil zur Abfuhr von Aggressionen dienen, die man nicht direkt anzubringen wagt;
- Klatsch kann, zumindest zeitweise, Ängste und Unsicherheiten abbauen: Er gibt den Beteiligten die vorläufige Bestätigung, daß sie etwas gelten (man zieht sie ja ins Vertrauen), daß sie nicht isoliert sind (sie gehören zu einer momentanen Klatschgemeinschaft), daß sie von der Information profitieren können (man stellt erleichtert fest, daß andere, die man für unangreifbar hielt, auch Schwächen haben). Und nicht zuletzt ist man froh darüber, jedenfalls diesmal nicht selber das Opfer von Klatsch zu sein.

Wie lassen sich nun diese gegensätzlichen Merkmale des Klatsches so nutzen, daß man einerseits die Lust an der Enthüllung weiterhin genießen kann, andererseits aber auch das Gebot der Fairness einhält und möglichst niemandem durch Klatsch einen Schaden zufügt? Die Antwort ist einfach: Man wende das Prinzip der Enthüllung bei sich selbst an. Was kann interessanter für die Selbsterkenntnis sein, als gefahrlos und ganz für sich allein herauszufinden, mit welchen negativen Eigenschaften man andere Leute im Klatsch belegt – welche Eigenschaften man also offenbar von sich selbst fernhalten oder bei sich selbst keinesfalls wahrhaben will? Jeder Mensch spiegelt sich in anderen. Aber er sieht auch manches in andere hinein. In diesen «Projektionen» kann er sich selbst erkennen – ein anregendes und informatives Gesellschaftsspiel für eine Person.

# Literaturhinweise


*Theodor W. Adorno,* Studien zum autoritären Charakter, Frankfurt/M. 1973

*Gordon W. Allport,* Die Natur des Vorurteils, Köln 1971

*Gordon W. Allport/Leo Postman,* The Psychology of Rumour, New York 1947

*Hans Blumenberg,* Der Prozeß der theoretischen Neugierde, Frankfurt/M. 1973

*Jörg R. Bergmann,* Klatsch – Zur Sozialform der diskreten Indiskretion, Berlin 1987

*Hermann Boventer,* Ethik des Journalismus, Konstanz 1984

–, Pressefreiheit ist nicht grenzenlos, Bonn 1989

*Milo Dor/R. Federmann,* Der politische Witz, München 1964

*Sigmund Freud,* Der Witz und seine Beziehung zum Unbewußten, Frankfurt/M. 1958

*H.-J. Gamm,* Der Flüsterwitz im Dritten Reich, München 1966

*E. und J. de Goncourt,* Tagebücher, Frankfurt/M. 1983

*Balthasar Gracián,* Handorakel, Stuttgart 1967

*Sheilah Graham,* Scratch an actor, London 1969

*Hedda Hopper,* Hollywood ungeschminkt, Berlin 1966

*Horaz,* Satiren und Briefe, Zürich 1962

*Johannes Hösle,* Pietro Aretinos Werk, Berlin 1969

*C. G. Jung,* Gesammelte Werke, Olten 1969 ff.

*H. Keller/H.-G. Voss,* Neugier und Exploration, Stuttgart 1976

*Juvenal,* Satiren, Stuttgart 1969

*H.-J. Koch,* Ich lasse mich nicht beleidigen, München 1967

*Lenelis Kruse,* Privatheit als Problem und Gegenstand der Psychologie, Bern/Stuttgart 1980

*G. E. Lessing,* Rettungen des Horaz, Gesammelte Werke, Leipzig o. J.

*L. von der Pfalz,* Briefe, Frankfurt/M. 1981

*Heinz Leymann,* Mobbing, Reinbek 1993
*Lucian,* Ausgewählte Schriften, Berlin o. J.
*W. Nestle,* Griechische Geistesgeschichte, Stuttgart 1944
*Ovid,* Metamorphosen, Leipzig o. J.
*Samuel Pepys,* Tagebücher, Frankfurt / M. 1983
*Otto B. Roegele,* Neugier als Laster und Tugend, Zürich 1982
*Rudolf Schenda,* Von Mund zu Ohr, Göttingen 1993
*Claudia Schmölders* (Hg.), Die Kunst des Gesprächs, München 1979
*G. Simmel-Ges.* (Hg.), Simmel Newsletter, Bielefeld 1994
*Sueton,* Cäsarenleben, Stuttgart 1986
*Vergil,* Aeneis, München 1952

# *Der Autor*

*Klaus Thiele-Dohrmann,* geb. 1936, lebt als Autor und Wissenschaftsjournalist in Hamburg. Er studierte Psychologie und Literaturwissenschaft in Hamburg und Zürich und ist Mitarbeiter verschiedener Zeitungen und Rundfunksender. Buchveröffentlichungen u. a.: «Intuition» (1990), «Abschied vom Gewissen» (1991).

# *Namenregister*

Die 100 des Jahrhunderts

**Menschen, die die Welt bewegten**
Wer waren die wichtigsten Persönlichkeiten, die das 20. Jahrhundert bestimmt haben? Eine neue Reihe bei *rororo handbuch* stellt die «100 des Jahrhunderts» mit Bild und biographischen Porträts in kompakter, präziser Form vor. Die Bücher bieten mehr Information als gewöhnliche Lexikon-Artikel und sind hilfreich für alle, die privat oder beruflich schnelle Informationen benötigen.

**Die 100 des Jahrhunderts: Politiker**
(rororo handbuch 16450)
Sie haben den Lauf der Welt bestimmt, ihre Namen sind mit Krieg und Frieden, mit politischen Systemen und sozialen Konflikten, mit internationalen Bündnissen und wirtschaftlichem Aufstieg verknüpft.

**Die 100 des Jahrhunderts: Naturwissenschaftler**
(rororo handbuch 16451)

**Die 100 des Jahrhunderts: Fußballer**
(rororo handbuch 16458)
Ihre Tore und Paraden begeisterten Millionen, ihre Niederlagen und Schicksale bewegten ganze Völker.

**Die 100 des Jahrhunderts: Sportler**
(rororo handbuch 16453)
Sie ziehen Millionen Menschen in aller Welt in ihren Bann – mit Höchstleistungen und Rekorden auf Bahnen und Pisten, in Hallen und Stadien.

rororo handbuch

**Die 100 des Jahrhunderts: Filmregisseure**
(rororo handbuch 16452)
Ihre Filme entführen in Bildwelten, deren Faszination sich niemand entziehen kann.

**Die 100 des Jahrhunderts: Komponisten**
(rororo handbuch 16457)

**Die 100 des Jahrhunderts: Schriftsteller**
(rororo handbuch 16455)

**Die 100 des Jahrhunderts: Unternehmer und Ökonomen**
(rororo handbuch 16454)

**Die 100 des Jahrhunderts: Filmstars**
(rororo handbuch 16459)
Hier treten sie auf, die eleganten Divas und die unwiderstehlichen Herzensbrecher, die großen Schauspieler und die einsamen Heroinnen.

**Die 100 des Jahrhunderts: Pop-Stars**
(rororo handbuch 16460)

## Fit im Kopf

Intelligenter, einfallsreicher, kreativer werden, der Vergeßlichkeit in zunehmendem Alter vorbeugen und entgegenwirken: praktische Ratgeber für ein gezieltes Training des Gedächtnisses.

Kathleen Gose / Gloria Levi
**Wo sind meine Schlüssel?**
*Gedächtnistraining in der zweiten Lebenshälfte*
(rororo sachbuch 8756)
Die Autorinnen dieses praktischen Ratgebers haben ein Programm entwickelt, das ein gezieltes Training des Gedächtnisses ermöglicht. Nebenbei werden auf anschauliche Weise Funktionen und Leistungen des Gedächtnisses erklärt.

Raymond Hull
**Alles ist erreichbar** *Erfolg kann man lernen*
(rororo sachbuch 6806)

Walter F. Kugemann /Bernd Gasch
**Lerntechniken für Erwachsene**
(rororo sachbuch 7123)

Ellen J. Langer
**Fit im Kopf** *Aktives Denken oder Wie wir geistig auf der Höhe bleiben*
(rororo sachbuch 9509)
Ein psychologisches Sachbuch – spannend, manchmal witzig, wissenschaftlich fundiert und trotzdem handfest praxisbezogen –, das mehr Licht in unser Leben bringt und mehr Leben in unseren Alltag.

Hans-Jürgen Eysenck
**Intelligenz-Test**
(rororo sachbuch 6878)

Ernst Ott
**Das Konzentrationsprogramm**
*Konzentrationsschwäche überwinden – Denkvermögen steigern*
(rororo sachbuch 7099)
**Optimales Denken**
*Trainingsprogramm*
(rororo sachbuch 6836)
**Optimales Lesen** *Schneller lesen – mehr behalten. Ein 25-Tage-Programm*
(rororo sachbuch 6783)

Wolfgang Zielke
**Konzentrieren – keine Kunst**
*Ratschläge und Übungen für den Alltag*
(rororo sachbuch 9556)
Der Autor zeigt, wie man seine Konzentrationsfähigkeit durch Veränderungen des eigenen Verhaltens und Arbeitens erhöhen kann. Er bietet eine vergnügliche und leicht zu lesende Sammlung von hilfreichen Ratschlägen und Tips.

*rororo sachbuch*

Rockmusik und populäre Kultur

**Louis Armstrong**
dargestellt von Ilse Storb
(rororo bildmonographien 443)

Joachim-Ernst Berendt (Hg.)
**Die Story des Jazz** *Vom New Orleans zum Rock Jazz*
(rororo sachbuch 7121)

Albert Goldman
**John Lennon** *Ein Leben*
(rororo sachbuch 13158)
Als John Lennon erschossen wurde, endete eine Epoche. Die Musik der Beatles stand für das Lebensgefühl einer ganzen Generation. Albert Goldman aber deckt nun in seiner schockierenden Biographie die verborgenen Seiten eines Musikgenies auf. Eine Biographie, die man «wie einen spannenden Krimi verschlingt». *FAZ*

**John Lennon**
dargestellt von Alan Posener
(rororo bildmonographien 363)

Bernward Halbscheffel / Tibor Kneif
**Sachlexikon Rockmusik**
*Instrumente, Stile, Techniken, Industrie und Geschichte*
(rororo sachbuch 6334)
Ob Amplifier oder Achtelnote, Heavy Metal oder House, Kadenz oder Klirrfaktor, Riff oder Reggae, Synthesizer oder Scratching – dieses Lexikon klärt auf.

rororo sachbuch

Martin Kunzler
**Jazz-Lexikon**
**Band 1: AABA-Form bis Kyle**
(rororo sachbuch 6316)
**Band 2: La Barbera bis Zwingenberger**
(rororo sachbuch 6317)

Barry Graves/Siegfried Schmidt-Joos
**Rock Lexikon Band 1: ABBA–Anne Murray**
(rororo sachbuch 6320)
**Rock Lexikon Band 2: Gianna Nannini–ZZ Top**
(rororo sachbuch 6321)

**Elvis Presley**
dargestellt von Alan und Maria Posener
(rororo bildmonographien 495)

Sämtliche Bücher und Taschenbücher zum Thema finden Sie in der *Rowohlt Revue*. Jedes Vierteljahr neu. Kostenlos in Ihrer Buchhandlung.

# Kulturgeschichte

**Klaus Thiele-Dohrmann**
**Europäische Kaffeehauskultur**
ISBN 3-538-07044-X
Klaus Thiele-Dohrmann läßt in seinem Buch am Beispiel von berühmten europäischen Kaffeehäusern eine fast versunkene Kultur zu neuem Leben erstehen.

**Marc Sautet**
**Ein Café für Sokrates**
Philosophie für jedermann
ISBN 3-538-07046-6
Philosophie kehrt in Dialogform in die Kaffeehäuser zurück. Marc Sautet präsentiert sonntags im Café eine eigene, spannende Version der abendländischen Philosophie.

**Verena von der Heyden-Rynsch**
**Belauschtes Leben**
Frauentagebücher aus drei Jahrhunderten
ISBN 3-538-07045-8
Ein kulturgeschichtlicher Spaziergang besonderer Art: die Tagebuchaufzeichnungen europäischer Schriftstellerinnen und Künstlerinnen vom 18. bis zum 20. Jahrhundert.

**Gisèle Harrus-Révidi**
**Die Kunst des Genießens**
Eßkultur und Lebenslust
ISBN 3-538-06643-4
Ein Streifzug durch die kulinarische Kultur vergangener Jahrhunderte. Eine Ehrenrettung der Feinschmeckerkunst zugunsten des leiblichen und seelischen Wohls.

**Georges Minois**
**Geschichte des Selbstmords**
ISBN 3-538-07041-5
Zum ersten Mal wird der Freitod in historischer, gesellschaftlicher, religiöser und philosophischer Perspektive sowie in der Literaur beleuchtet.

**Alain Boureau**
**Das Recht der Ersten Nacht**
Zur Geschichte einer Fiktion
ISBN 3-538-07043-1
Der Historiker Alain Boureau entlarvt das bizarre »Recht der Ersten Nacht« als eine juristisch-literarische Fiktion späterer Jahrhunderte.

**Gernot und Ekkehard Rotter**
**Venus, Maria, Fatima**
Wie die Lust zum Teufel ging
ISBN 3-7608-1125-6
»Eine Kulturgeschichte, die bewußt macht, wie Christentum und Islam die Sexualität bis auf den heutigen Tag ›reglementieren‹.«
DER SPIEGEL

**Bernhard Dietrich Haage**
**Alchemie im Mittelalter**
Ideen und Bilder – von Zosimos bis Paracelsus
ISBN 3-7608-1123-X
Die spannende, mit Text- und Bilddokumenten reich belegte Geschichte der europäischen Alchemie.